U0944439

天赐泉乡　陶冶千秋

总 顾 问／张祖林
总 策 划／罗应光　饶南湖
主　　编／杨兴荣　杨　洋
执行主编／普洪光
本卷主编／李　军

云南出版集团
云南人民出版社

《文化玉溪》丛书编委会

HUANING
THE CULTURAL ASPECTS OF YUXI
华宁

《文化玉溪·华宁》

本卷编委会

文化玉溪
HUANING
THE CULTURAL ASPECTS
OF YUXI
华宁

图书在版编目（CIP）数据

文化玉溪．华宁 / 李军主编．-- 昆明：云南人民出版社，2016.4
ISBN 978-7-222-14090-5

Ⅰ．①文… Ⅱ．①李… Ⅲ．①文化史—华宁县 Ⅳ．①K297.43

中国版本图书馆 CIP 数据核字（2015）第 311010 号

HUANING
THE CULTURAL ASPECTS
OF YUXI

创意策划： 云南出版集团公司产业发展部
出 品 人： 刘大伟
责任编辑： 刘 焰 文艺蓓
设计总监： 袁亚雄
装帧设计： 雲南非烏文化傳播有限公司
责任校对： 徐 霞
责任印制： 洪中丽

【文化玉溪·华宁】

主编： 李 军
出版： 云南出版集团 云南人民出版社 // **发行：** 云南人民出版社
社址： 昆明市环城西路 609 号 // **邮编：** 650034
网址： www. ynpph. com. cn // **E-mail：** ynrms@sina.com

开本： 787mm×1092mm 1/16 // **印张：** 16.25 // **字数：** 110 千
版次： 2016 年 4 月第 1 版第 1 次印刷 // **印刷：** 玉溪玉报印务有限责任公司

书号： ISBN 978-7-222-14090-5 // **定价：** 59 .00 元

如有图书质量与相关问题请与我社联系
审校部电话：0871-64164626 印制科电话：0871-64191534

总 序

聂耳故乡、生命摇篮——玉溪，是一座风光秀美、地灵人杰、文化独特的城市。

玉溪位于彩云之南、滇中腹地。东南与红河州相连，西北与楚雄州接壤，西南与普洱市交界，北部与昆明市为邻。昆（明）曼（谷）高速公路和泛亚铁路，像两条长长的游龙在玉溪的山水间穿越，市内四通八达的交通网络像经脉一样，连接着自然与人类、地域与认知、景色与情感，使玉溪成为通往东南亚、南亚的重要交通枢纽。玉溪独特的区位，波状起伏的高原地貌，立体温润的气候，像一双无形的手，把巍峨连绵的群山、逶迤清澈的溪流、毗连成群的湖泊安放在1.5万平方千米的大地上，成就了一幅气势磅礴、美丽绝伦的山水画卷。千百年来，勤劳智慧的玉溪人民，在“画”中播种着希望，收获着幸福，创造着多姿多彩的地域文化。这些文化星罗棋布，在这块神奇的土地上大放异彩，于是玉溪的山有了血脉，水有了情怀，人敢于担当，文化有了个性。

玉溪的山有血脉。5.3亿年前的古生物化石，是“生命的开始之地”、世界级自然遗产——澄江帽天山的血脉；以牛虎铜案为代表的青铜文化，是古滇国的核心区、国家级文物保护单位——江川李家山的血脉；记录古今文人墨客足迹、抒发政治家豪情、充满人生哲理的匾联文化，是秀甲南滇的通海秀山的血脉；在密林深处延伸着青春梦想的茶马古道、元江哈尼人雕刻在云里雾里的那诺梯田，用婀娜多姿的舞蹈和华美的服饰再现着古滇王国辉煌的花腰傣民俗文化，是新平戛洒自西北向东南一泻千里的哀牢山的血脉。山有了血脉，就有了生命、有了魅力！

玉溪的水有情怀。高远、包容、厚重是玉溪水的情怀。玉溪是一座潭泉、湖泊拥抱着的城市。这里溪流纵横、蜿蜒前行，滋润着万顷田畴，最后汇成南盘江和元江而奔向远方的大海；这里湖泊成群，抚仙湖、星云湖、杞麓湖和东风水库、飞井海、碧湖、玉湖等自然之湖和人工之湖像明珠一样在滇中大地闪烁着耀眼的光华。以清澈（Ⅰ类水质）、深邃、厚重、美丽为特质的抚仙湖蓄水量就有206.2亿立方米，占全国淡水湖泊的近1/10、占云南省九大高原湖泊的67%，是滇池的12倍、洱海的6倍。而且抚仙湖千百年来还守护着一个在地平面消失了的古城秘密，中央电视台两次水下探秘，也未能揭开水下古城神秘的面纱。玉溪水的特质，是玉溪人所具有的高远、包容、厚重精神的自然呈现。

玉溪的人敢担当。千百年来，在风云际会的历史舞台上，活跃着玉溪籍风流人物的身影。“军政双全”的三国蜀臣李恢、直言敢谏的明代言官王元翰、一生忠义的明朝大学士雷跃龙、政绩卓著的清代名臣赵士麟等，他们凭着一腔热情和担当名垂史册。禁烟运动的思想先驱朱嶟，冒着被贬的风险举荐林则徐，成就了虎门销烟的壮举。辛亥革命的枪炮声中打出的罗佩金、李鸿祥、谢汝翼、郑开文等玉溪籍将军群，在“重九起义”、援川、西征等战斗中建立功勋。在最危险的时候，聂耳谱写出时代最强音《义勇军进行曲》的旋律，发出中华民族最后的吼声。“滇军完人”唐淮源在中条山战役中率领将士抒写抗战史上最悲壮的一页。他们的民族气节惊天地、泣鬼神，他们的精神激励着一代又一代中华儿女，冒着敌人的炮火前进！还有落笔惊风雨的草书大家阚祯兆、钩摹勒石撰法帖的书画大家周於礼、文化交流的友好使者纳忠和纳训、主持翻译出版《资本论》的郑易里、缔造白药传奇的曲焕章，他们用知识和智慧造福人类，用心血和创造抒写灿烂人生。今天的玉溪人，血管里涌动着先辈的血液，正以敢为天下先的精神奋力前行，创造了“红塔山”奇迹，使玉溪戴上了“中国十佳休闲宜居生态城市”“国家园林城市”“国家卫生城市”“十佳和谐发展城市”“中国特色魅力城市”等桂冠，玉溪近十年就为国家和云南省上缴税收两千多亿元。

玉溪的文化有个性。玉溪是美丽中国版图中的一个部分，玉溪文化是中华文化这个母体中孕育发展的区域文化。长期以来，玉溪文化在传承本土文化中发展、在吸纳中原文化和其他文化中创新，自然与中华文化血肉相连，承载着中华文化的基因，呈现着多元文化的特质。但由于地理环境、历史人文、经济政治条件等方面的差异，玉溪文化在几千年历史文化积淀的基础上，也形成了自己的个性。玉溪的奇山秀水和万顷田畴就是这种文化个性形成的自然基础，像星星一样闪烁着光华的文物古迹就是这种文化个性的历史结晶，多姿多彩的民族风情就是这种文化个性的风俗再现，美丽的乡村、亮丽的城镇就是这种文化个性的时代见证。从微观看，玉溪文化的个性就是元江的它克崖画，就是玉溪人崴天下的花灯，就是玉溪窑烧出的一件件青花瓷器，就是世界上历时最长的节日——玉溪米线节。一句话，玉溪文化的个性就是千百年来玉溪人血液里流动着的敢为人先的精神气质！

玉溪文化的个性需要挖掘、需要审视、需要梳理、需要再现。“文化玉溪”丛书采用“1+9”的结构，即以一个综合卷为概览，综合介绍全市最精彩的文化现象。九个县区分卷，则分别介绍各县区的文化特色。“文化玉溪”丛书力图用历史的眼光，从文化的视角，对玉溪文化进行挖掘、梳理和审

视，并用文化散文的形式，图文并茂地再现玉溪文化的精彩和个性。“文化玉溪”丛书的编辑出版，对于传承玉溪历史文明成果，促进玉溪文化繁荣，提升玉溪知名度，凝聚全市人民的智慧和力量，在实现中华民族伟大复兴中国梦的征程中，干在实处、走在前列，必将发挥重要的作用。

目录

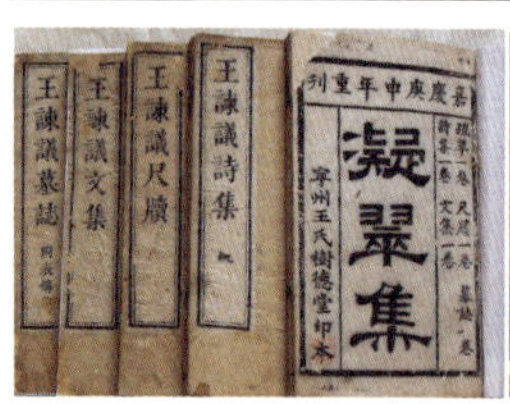
凝翠集

三世同朝

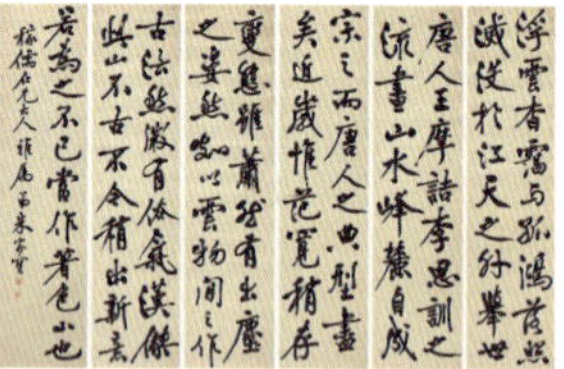

六百六十六个潭泉

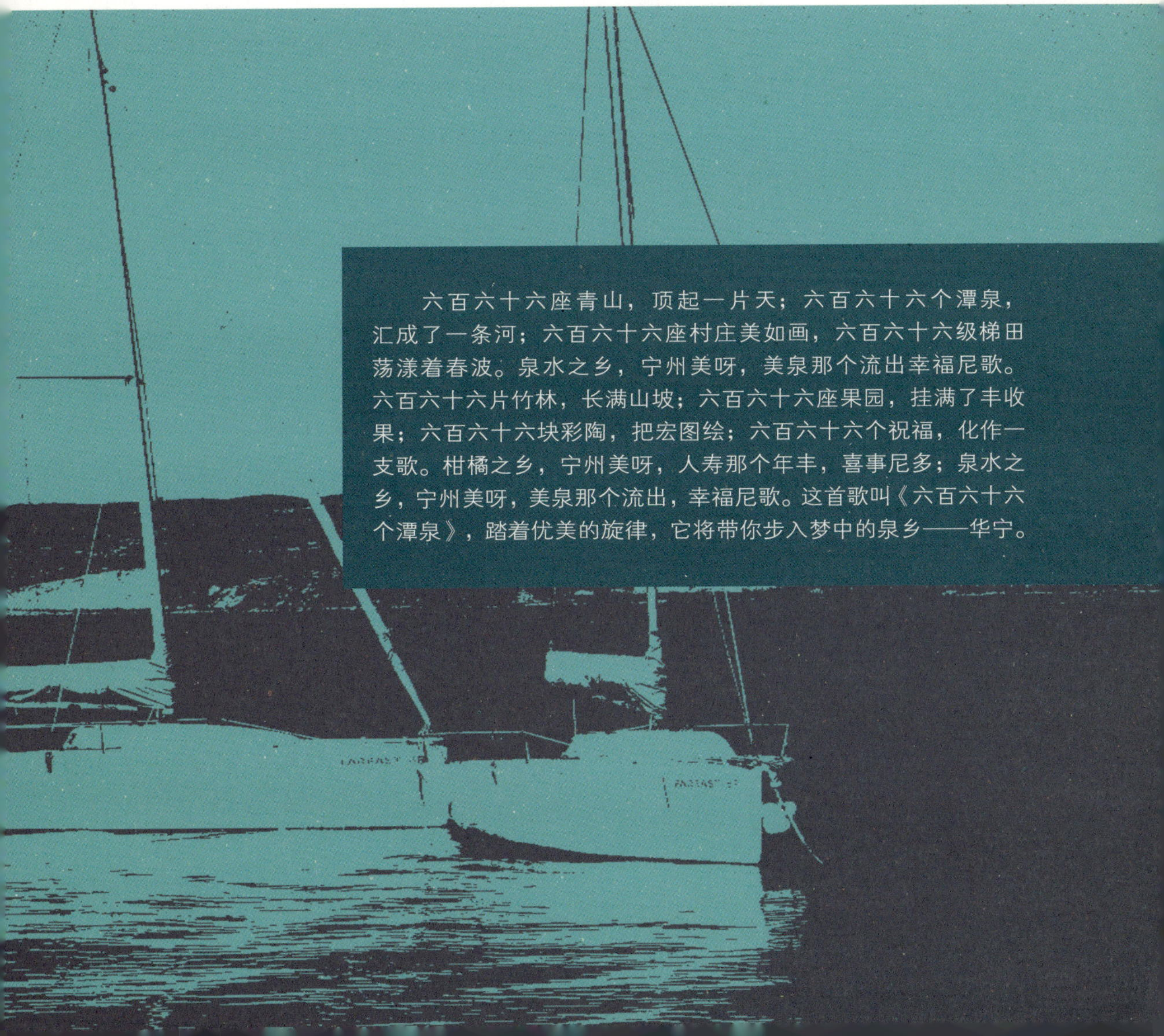

六百六十六座青山，顶起一片天；六百六十六个潭泉，汇成了一条河；六百六十六座村庄美如画，六百六十六级梯田荡漾着春波。泉水之乡，宁州美呀，美泉那个流出幸福尼歌。六百六十六片竹林，长满山坡；六百六十六座果园，挂满了丰收果；六百六十六块彩陶，把宏图绘；六百六十六个祝福，化作一支歌。柑橘之乡，宁州美呀，人寿那个年丰，喜事尼多；泉水之乡，宁州美呀，美泉那个流出，幸福尼歌。这首歌叫《六百六十六个潭泉》，踏着优美的旋律，它将带你步入梦中的泉乡——华宁。

华宁有一首歌叫《六百六十六个潭泉》，无论是朋友聚会，还是节日演出，大家都爱唱、爱听。这首歌旋律动听、意境优美，唱起它，华宁人的自豪感就油然而生；听到它，你就会对华宁产生美好的向往。

华宁地处云贵高原之南，也是云南之南，乘车50分钟可到玉溪，两小时可到昆明。境内山大箐深，最高海拔是磨豆山2663米，最低海拔是南盘江1141米，属于典型的亚热带立体气候，温差较大。其间村寨星罗棋布，遍布高山、峡谷和坝区。华宁之地形，我用一副楹联概括：万川归一泾，千岭拱双峰。无数水系形成的曲江、龙洞河、青龙河、海口河最终都汇入南盘江；云贵高原的山脉在县内分为两支，东为老象山，西为磨豆山。

华宁是一块温润的土地，雨水丰沛调匀，潭泉众多，物产丰富。

华宁是一块和平的土地，人们休养生息、自给自足，纷争极少。

华宁是一块灵异的土地，自古人才辈出，官宦学者汇成大观。

在华宁1313平方千米的土地上，可利用之泉达630多潭，所

恩永泉

以华宁号称“中国泉乡”。其实，泉多不是主要的，支撑“泉乡”品牌的是中国第一矿泉“象鼻温泉”、中国第三大泉“七犀潭”，还有令人遐思的“鸳鸯泉”“恩永泉”“珍珠泉”“西沙映月泉”“葡萄井”……不胜枚举。

华宁人说：山有多高，水有多高。华宁绝大多数高山之上，皆有泉水涌流。古人有“泉”与“钱”相通之意，有条件的人家喜欢在庭院中开一眼井，除方便生活之外，还寓意财源广进，如井水满溢。华宁人有福了！

记得我在小铺子代课的时候，村里给学校一块菜地，旁边也是村民的几块菜地，这些菜地的上方一律挖成一尺左右深的长塘，塘里总是渗满了水，足够种菜浇灌。华宁县内，

许多地方都是这样的，没有明显的山泉，破土却有地表水渗出。泉多也就不足为奇了。

华宁的泉有多种，温泉就有五个，均属于深循环水性矿泉，源于地层深处。冷泉有地表水形成的，也有深循环水形成的，还有地下水（地河）涌出的，各种各样，丰富多彩，遍布高山、峡谷和坝区。其水质也各不相同，有的适于农田灌溉，有的适于饮用洗浴，有的泡茶特别美味。再说泉水涌出之状态，也是花样繁多，汇成景观，是人们踏春、秋游的好去处。几个温泉以及七犀潭、恩永泉、葡萄井等等，都是人们经常结伴消夏之景点。

华宁是一个典型的山区农业县，泉水与我们的生产生活密切相关。可以肯定，每个村落，我们的先辈决定在此定居的时候，必定是看中了这里的土地和水源，他们可以在这里自给自足、休养生息而不受侵扰、自得其乐。所以不管山岭多高多大，不管山箐多深多

二龙戏珠

窄，都有村落人家。人们随遇而安，尽情享受桃源之乐。

目前华宁县的人口超过了 20 万，在南方不算密集，也不算稀疏，这样的地域与人口比例很正常。别的不说，在我们云南，泉多的地方比比皆是，大概也是山有多高水有多高。为什么唯独华宁能冠以“泉乡”之美名？就是因为华宁的泉各具特色、美不胜收。

“中国泉乡”之名副其实，并非我等瞎吹，这里我得将县内的美泉一一道来。最出名的当然是象鼻温泉。

象鼻温泉 象鼻温泉俗称洗澡塘，泉对岸有村亦名洗澡塘，地处县城东南 8 千米的河谷中，华盘公路经过这里。真是天造地设，自然就有两个泉眼隔数米相伴涌流，水量相当，恒温 39℃，正好适于洗浴，正好男女分浴。据县志载，东汉时期，象鼻温泉就为人所知并利用，数千年来，水温不变，水量不变，水质不变，不受天气变化的任何影响，它源于地层深处，无任何污染。

20 世纪 70 年代，我第一次随父亲到华宁县城，途经象鼻温泉，即入泉洗浴。那时的温泉还是两潭露天的池子，不知何时砌的简单土基墙已经破败，从地面到泉底大概有几级石阶，小孩坐在上面洗浴很安全。经过 2000 年的时光流逝，象鼻温泉还像璞玉一般保持着原始的状态，并不因世界的改变而改变。

在象鼻温泉景区有一座雄伟的独孔石拱桥——金锁桥，金锁桥建于清乾隆时期，全长 37 米，高 14 米，桥面宽 8 米，净跨度 18 米，是云南省现存跨径最大的单孔石拱桥。桥上两边建有“韦陀坊”石牌坊和“观音阁”石阁各一座，南北对称，相映成趣，典雅别致，同时起镇压作用。以前的华（宁）盘（溪）公路从桥上通过，由于各种车辆重压，金锁桥处境危险，韦陀坊也不知被哪个冒失鬼的车撞倒了。在差不多三百年前，人们居然就在这山旮旯里建了这么大一座桥，真

❶ 抚仙湖边的村庄
❷ 抚仙湖的绿

是有点奇怪。

古往今来，象鼻温泉一直是华宁最为热闹的景区。温泉实在是美妙，无论你是忙碌之后，还是休闲之旅，置身温热的泉水当中，疲劳顿消，舒爽异常。这是人生难得的享受，这是自然纯真的沐浴。泡在最适于人体的温水中，你可以细心清洁体肤，肯定也能放松心情，进入人生最纯粹的境界，抛开世俗的烦恼，涤荡你的心灵。这样的两潭温泉，处在山清水秀的河谷之中，且临近县城，人们一有空闲就可以来游乐、洗浴一番，洁身暖肤，舒心健体，逍遥自在，尽享其中乐趣。文人墨客，更是吟诗作赋，乐此不疲。

20 世纪 80 年代，华宁县政府投资兴建象鼻温泉度假村，建起了男女大浴池、小浴池、国家级标准高原温水游泳馆；建起了古色古香的几排单层瓦顶客房群及几栋星级宾馆楼群，集餐饮、会议、疗养、娱乐、健身为一体，服务设施完备，一时吸引了省内许多的会议及集体疗养项目，使象鼻温泉热闹起来，处处充溢着现代化生活的气息。

也就是在此期间，华宁县委托国家地质矿产部、省地矿局区测队、省地矿局第一水文地质队、省科协科技咨询服务中心、省卫生防疫站、省环境监测中心站、省产品质量监督管理所等单位利用科学的方法和技术检测、鉴定，象鼻温泉水富含人体必需的 24 种宏量、微量元素，是国内最好的“优质珍贵矿泉水”。

象鼻温泉属中国偏硅酸矿泉水，因为水汽蒸腾，附近弥漫着一种特异的馨香，配合着泉边流淌的小河、翠绿的青山，让人陶醉。人们长期的经验证明，常泡象鼻温泉，可治疗风湿、皮肤病等等，尤其是土黄天洗浴，可弃一年之晦气，整个节气里，县内及周边县份的民众纷纷前来洗浴。是时，人们呼朋唤友结伴而来，在河边杀鸡宰羊，祭拜火龙娘娘之后，歌舞饮酒作乐，渐渐形成了民间的“澡堂会”。

抚仙湖是孩子们的乐园

我对象鼻温泉也情有独钟，为这稀有神奇的自然景观所倾倒，更妙的是我有同学、师弟、朋友在度假村工作，每来一次，流连忘返，一醉方休。也曾写过歌词《象鼻温泉之约》，请李为斌先生谱曲，在县里各种节日演出中多次唱过。我也曾随恩师董立章老先生去度假村蹭饭吃，那是度假村修建火龙寺完工，特别邀请他去写书法作品，我跟着去的。其间也就作了两副对联，恩师和洪智师弟写就，再由爱心人士刊刻，悬挂在火龙寺门上。我不是标榜自己，我觉得为地方做一点文化之事乃自己的本分，象鼻温泉的文化氛围不够，不要老是寄希望于政府，我们都应该勉力为之。

以上文字说明性强，要讲文学性，我认为还是恩师命我

作的《象鼻温泉铭》更满意，或许读者可以从中领略象鼻温泉的佳妙与神采。遂不避嫌疑，抄录于下：

宁州域内潭泉众多，号称中国泉乡，具一定规模者达六百六十六潭，其中以象鼻温泉为最，远近知名，如无此泉也，则泉乡之名难副。

象鼻温泉者，县城东南十里，饮浴始于东汉，因“山形俨象鼻”而名。斯泉自古出流二眼，恰可男女分浴，恒温39度，宜于人体，含13种微量元素及12种宏量元素，水质仅次于法国佩雷尔矿泉，属世界第二、中国第一。数千年来，早经验证：常泡此泉，可治风湿，活于肌肤。于是乎，方圆百里之众蜂拥而来，迢迢千里之客慕名而至。尤其土黄天，泉池内外，人群纷攘，热闹非凡，盖因此际洗浴可弃一身之晦气也，由是成俗，渐成澡堂之会。

置身青山绿水中，天朗气清，鸟语蝉鸣，尽享自然纯真。暇日寻芳来此地，身心一洗俗尘涤；村居漫品陶缸酒，不羡神仙我自怡。

象鼻神水千秋热，金锁仙桥万古横！象鼻泉被视为神水，永远泽润着一方百姓，世代滋养着几多人杰；金锁桥成于仙家，真真普度众生，实实功垂万世。地以珍泉名，泉赖石桥衬，大桥独领南国单孔石桥之风骚300年，堪称景区之龙目。

自古以来，宁州墨客骚人常来此聚会，把酒唱和，放浪形骸于山水之间，纵情恣意于功名之外，笔墨之中，常寄智者之心；格律之上，多发仁者之爱。

然宁州有永世之憾也，惜不遇升庵，汤名书第一！

幸今日交通大畅，天地之间欲来尚往皆已无碍，远近之客，尽是象鼻温泉口碑。继而思之，山不在高，有

象鼻温泉（大池）

仙则名，水不在深，有龙则灵。象鼻温泉山水之灵异自在吾心。

铭曰：

中国矿泉第一汤，宁州于此冠泉乡。
洁身自爱勤洗浴，祛病延年享乐康。
宝马香车来赴会，丽人仙客饮飞觞。
传奇神水甲天下，温暖人间万古香。

我们对家乡的潭泉总是心怀感激，这是上天对我们的恩赐，让我们的生活有了温饱，不再饥渴。于是我们要给龙潭取一个好听的名字，或直白简洁，或充满诗意，我认为最有韵味的是“鸳鸯泉”。

鸳鸯泉

鸳鸯泉　在通红甸村下2千米的山箐中，从箐两边相对涌出冷热两泉，故而得名，非常优美，耐人寻味。

热泉出水量很大，甚至超过象鼻温泉几倍，水温50℃，要对冷水才能洗浴。但水质却稍次于象鼻温泉，少几种元素。

以前这里没有公路，许多人会走很远的山路前来洗澡。一般要邀约成群、备足饮食，甚至带上行李，来这儿住上两三天。那时也没有浴室，只是人们随便挖一个水塘，在上下游分开男女而已，抑或有男女同浴，真正地做了鸳鸯。

鸳鸯泉恰似一对恋人，如苗家稚存的男女，牵手走出深山、走向世界。这桩地老天荒的爱情有天地人做证，他们不止相互爱恋，同时得到经此见证的所有人的爱，虽然地处荒野山谷，却博大完美。

这里离弥勒县的西二火车站4千米，现在修好了公路，新建在南盘江上的大桥，往来还算方便。只是这样美妙的温泉地处偏僻之境，它的作用没能充分发挥出来，令人遗憾。几年前通红甸乡政府将温泉的经营权转让给私人，于是修建了像样的宾馆，新建了大小室内浴池及几个露天浴池，自然

❶ 中村龙潭

❷ 抚仙湖的春

环境很好。这样的改善使游客多了起来，长年会有一些昆明客人住在这里休假。在这里有小住山居的感觉，四周绿树成荫、溪水潺潺。闲暇时还可以到不远的南盘江里摸鱼，或捡一些漂亮的石头回家把玩，其乐无穷。

我对鸳鸯泉也有特别的感觉，有联赞曰：独领风骚书爱恋，几重殊宠赖冰清。

在盘溪北头的温水塘村下，确实有个温水塘，出水量 0.016 立方米 / 秒，常温 30℃，水质清净，对于热坝盘溪，洗浴正好。这里建有游泳池，早年曾是部队的游泳训练基地，出现过一批优秀的游泳运动员。这是盘溪人喜欢来洗澡的地方。

人们经常洗澡的还有青龙的细土温泉，在青龙河边山脚下，建有浴池，洗澡很方便。虽然水温偏低，在以前还是很金贵的。

其他还有盘溪六得河、华溪黑牛白、宁州葫芦冲等几处温泉，水质再次，水温只在 20 ~ 30℃之间，勉强可以洗浴。

潭泉，民间都叫龙潭。盘溪的大龙潭不得了！

七犀潭　七犀潭，又称盘溪大龙潭。传说有人夜间见七头犀牛在潭中戏水，遂名七犀潭。七犀潭出水量奇大，排名全国第三，年均 7.35 立方米 / 秒，丰水季节可达 10 立方米 / 秒，每年出水量达 1.67 亿立方米，潭呈圆形，方圆数十米，砌以石埂。据说此潭深不可测。清乾隆年间乡人董玘筑埂为潭，引渠灌溉农田。

七犀潭位于盘溪坝子东缘挂榜山脚，周围绿树成荫，清爽宜人。站在宽阔的龙潭边上，看上去水面平静，似乎感觉不出泉水涌出的形象和力量，这是因为出水口在泉的深处，水面之上只有靠山脚处明显出一股泉水，本来这股水已经很大了，但是在这浩渺的七犀潭里，只是非常微小的一部分。仔细看，泉水还是在流动。特别是到泉水往外流的地方看，你就会觉得巨大的水流涌动着往外突奔，这泉水的深沉和博大就让人胆寒，一般人是不敢下去的。

七犀潭属于地河出流，不知源于何处，其出水量和水质因季节而变化，平时清澈透亮、水量略小，雨季则水量大增，并显混浊。

七犀潭美景

它灌溉着周边的许多良田，使其旱涝保收、五谷丰登。前几年经过开发，有人利用这洁净的水源饲养鲟鱼，有的鲟鱼有数百斤重。

盘溪人闲暇时喜欢到大龙潭走走看看，抑或在旁边整一回野炊，别有情趣。盘溪人的性情深受大龙潭的影响，热情豪迈，意气风发，助人为乐。

这里还有一个优美的传说：七犀潭主本姓肖，龙宫招亲任逍遥。平生素存济民志，施降甘露灌田畴。说的是董玘和好友肖宣同时考取功名在朝为官，但是暴君专权、奸臣当道，两人看清了世道，遂辞官回乡。中秋之夜，两人来到七犀潭边，肖宣弹琴，董玘歌唱，宣泄心中的烦恼。恰好龙宫中的小龙女也游上水面来赏月观景，眼见肖宣俊逸潇洒、一表人才，再听其琴声舒缓流畅、气韵悠扬，不禁着迷，心生爱慕。只可惜她从没出过龙宫，经不起风浪，不幸被强劲的旋涡卷到了水潭之外，被渔人捉住。第二天肖翰林在盘溪街上救下了龙女，并将她放归龙潭，两人留下信物。次年二月初二，肖宣入潭入赘，做了龙王。之后董玘履行自己对肖宣的

61

承诺，集资修建了龙潭坝埂，提高了水位，再修南北水渠广泛灌溉。

我接触过县内的一些民间文学工作者，对华宁民间文学很熟悉，这个《龙宫招亲》是其中艺术性最高、故事最为完美的精品。

叫大龙潭的还有宁州高寨的恩永泉，顾名思义，言恩泽永久也。

恩永泉 距县城5千米，是华宁的第二大泉，出水量巨大，东西引金银两渠灌溉宁州坝上万亩良田。此泉是通海落水洞漏过来的杞麓湖水，旱季水小而清澈，雨季增大而混浊。传说以前通海人为了证实它来源于杞麓湖，要来收水费，于是将一些粗糠倒入落水洞，派人在恩永泉守候。结果等了三天，不见粗糠出来，他们以为不是通海过来的水便走了，但是他们一走，粗糠就随泉水涌出。

恩永泉在恩永山脚，山上树木丛生、风景优美。泉上方有龙王庙，只是一般不开门，不知就里。平日也有年轻人结伴来此游玩，顺便野炊，别有一番情趣。

到底是山因泉名，还是泉因山名？为此马朝中先生有个上联说：山名恩永，因山心涌出白水。意思是山因泉名，可惜联语同音字多，且山山合为出、白水合为泉，如此奇巧，至今无人能对出下联。

无论是山冈还是旷野，凡有泉之地，必定绿树成荫，是当地自然环境最好的区域。科学地说，出泉之地，肯定土壤滋润，利于树木生长，但这还不够，这是出于人们对泉的感恩、崇拜乃至迷信的结果。这里的树木皆被视为神树，任何人不敢砍伐，即便是随意攀爬都会有人指责。供人们饮用的泉一般都有鱼，大概是鲤鱼、草鱼、鲫鱼或一些小鱼虾，这些鱼也无人敢拿。人们认为它们不是一般的鱼，是神鱼，与龙有关，故不敢侵犯。

华宁最小的泉叫玉（一）碗水。玉碗水是青龙镇山岐村委会的一个自然村，村边有泉仅碗大，长年不浅，路人远来仅够解渴。只有口渴的人，才能感受到这泉的珍贵。想一想，让我们感动的，还是这最不起眼的一碗泉。它就像世间的芸芸众生，像我一样的凡夫俗子，只是默默地存在着。

先前说过华宁八景，我知道许多地方都有八景，这大概是古时候的一个惯例，大家都有，也就不稀奇了。不过华宁的老八景中有三个潭泉，这就说明我们的泉自古有名，备受文人追捧。

这三个泉就是象鼻温泉、龙洞泉和映月泉。

龙洞泉　龙洞泉在城东 3 千米的阳暮山下，以前的华盘公路从洞边经过。

阳暮山是宁州八景之阳暮回光，龙洞则是八景之春雷古洞。

龙洞有旱洞和水洞，旱洞在山坡上，每发春雷，洞中轰然回响，所以称春雷古洞。另外此洞一进去就是一个大厅，顶上石印隐约如巨龙。洞中有许多景致，钟乳石林立，深不可测，传说钻到深处就可以听到盘溪的鸡叫。里面也有许多危险，人少或生人不可进入。我的一伙朋友们曾经进去玩过，其中一位就摔倒撞伤头部，令人心悸。

水洞从山脚的石壁洞中流出，看上去大概三车，经数十米，一路有养鱼的鱼塘，最下面的水池供抽水和洗衣服。龙洞水温度较低，触之冰凉，天热有人去洗澡，图凉快；冬天也有人去洗澡，那是有意锻炼身体。龙洞泉眼不止一处，到泉水穿过公路流往河中时，估计有 100 车之巨。

前两年因龙洞泉水清澈，属天然冷水泉，有寻甸的玉水昌隆餐饮集团慕名到这里开发养殖虹鳟鱼，并用华宁本地青砖、青瓦造酒庄一家，古香古色，品鱼赏景，商旅休闲，来往如织，兴旺一时。

映月泉　映月泉即宁州八景之西沙映月，在距县城西 8 千米的冲麦村下。此泉以前出水量很大，有大量的白沙随泉水涌出，其翻至水面，大如车轮，然后消散，此起彼伏，美轮美奂，甚为奇观。

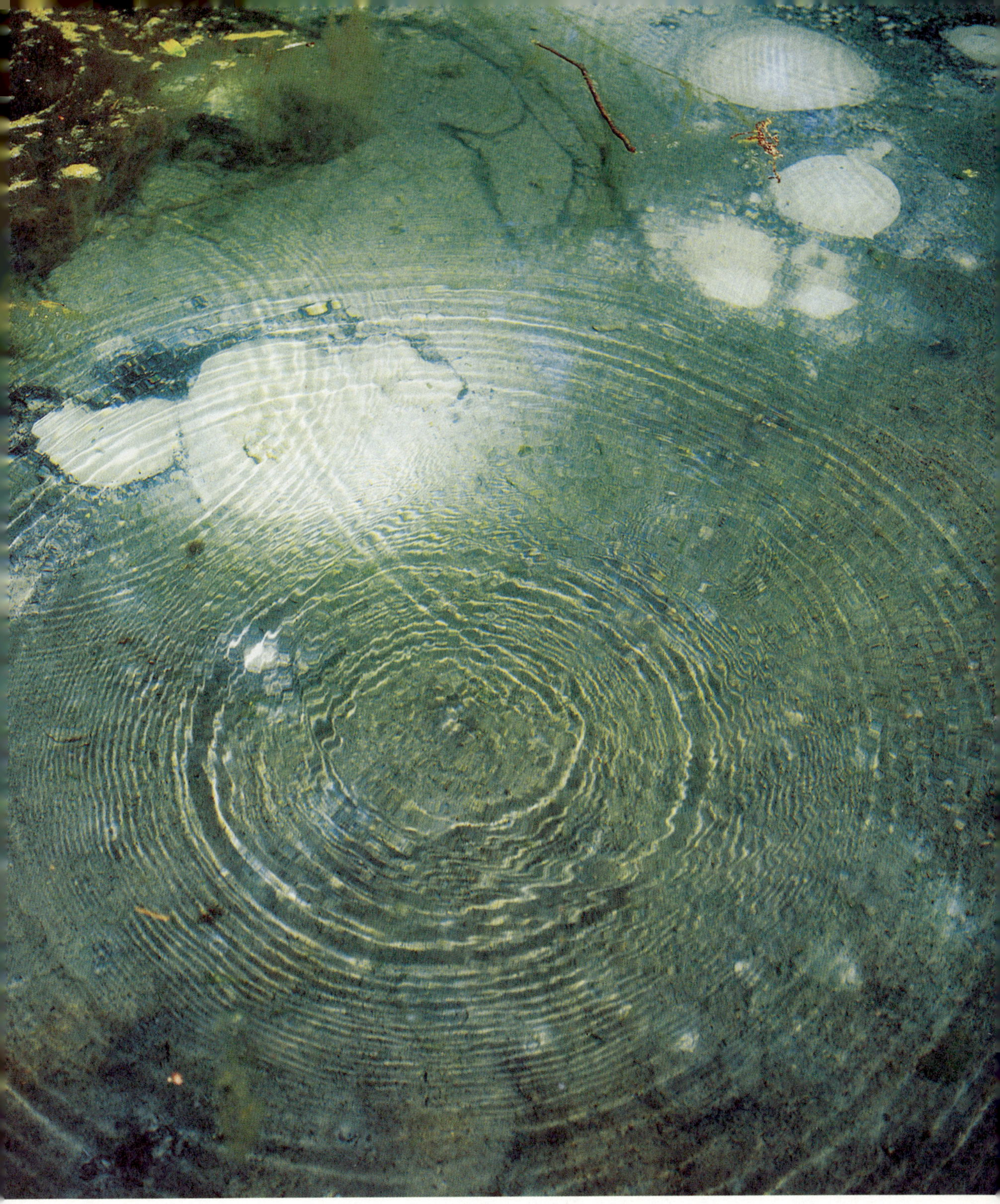

西沙映月

可惜该泉疏于管理，前些年已经被泥沙掩埋，虽经村里清理，勉强做了个水池，但出水量很小，我们只能凭借冒水处的些许白沙想象从前的景象，可惜，可惜！

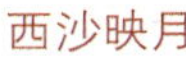

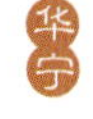

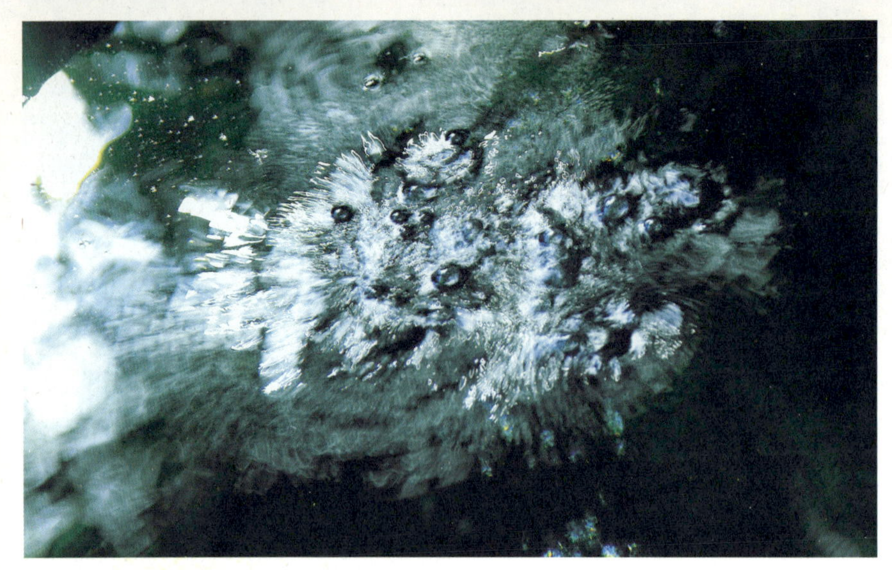

葡萄井　葡萄井也是一个很有意思的泉，位于白龙河水库下方的箐里，普左村外。这里出水也大，围了个二十多平方米的水池，为避免污染，上面还盖了简易的房顶。这个泉说来稀奇，泉水中有气体伴生，一起涌出，于是水中就形成一串串的水泡往上冒，就像一串串晶莹剔透的葡萄，至水面而消散。并且池中有不止一处出水，也就看得见这一串、那一串的“葡萄”们欢快地舞蹈，不经意间就有一串从你意想不到的地方冒出来，让你惊喜。

与此类似的有青龙福禄德村的珍珠泉，也是有气泡出水而生，且气泡极多，于是文人雅士为这景致取了一个很有诗意的名字“珍珠叠翠”。

有一个自然生态极佳的去处叫邑格冲。邑格冲的箐头是咱乐村委会的邑格村，箐口是华溪镇的黑牛白村，长 3 千米左右。这里枯藤盘绕、杂树茂密、遮天蔽日。箐里长年流淌着溪水，如桃花源一般美好，是爬山野游的绝妙去处。许多人带着凉卷粉、糕点、糖果来这里游玩，远离尘嚣，感受大自然的花草树木和流水。就在邑格冲的下方，有一处跌坎，水流从高岩跌落 20 来米，气势非凡，看见就让人想起李白的诗歌。

邑格冲流淌的水来自疯龙潭，这个奇怪的名字说明龙潭不正常。不正常表现在龙潭的水量上，旱季水小而清澈，雨季却成十几倍地增大，并显混浊。

葡萄井（又名珍珠泉）

华溪邑格冲里也有一个疯龙潭，少见出水。据说以前多数时候是有水的，大概是新中国成立以前，一个放牛娃手闲，用赶牛棍在龙潭里乱捅，随后就听到里面的龙“嗡”的一声怒吼，随即飞到西瓜地里去了。几十年来我只见过疯龙潭出过两次水，那是长期下透雨的情况下出的。很多年这个龙潭都没出过水了，其实这是植被破坏导致的结果。

曲江河谷的跳石头水电站附近，公路上方有一个溶洞，传说旧时宁州汪家在此打水，希望引到华溪灌溉农田。工人吃了三石辣子、九石虾才打出水来，可惜出水口太低，无法利用。这个地方，当地人叫“汪家打水”。地河水从一个40cm × 20cm 的人工凿口涌出，出水量小的时候约十车，大时二十余车，平时水质清澈，雨季水大时则显混浊。距出水

口20余米的右上方有一个人工开凿的大洞，人蹲身挪步可进入山体内的溶洞。溶洞通地河，长数里，其中有各种各样的钟乳石，但地不平，有的地方极其难走。附近的年轻人多数会来这个洞中寻求刺激，进去便使人产生探秘的好奇和兴奋。洞越深、越向下，中间突降，有一个大厅，先出一段地下溪流。以前人们认为溪流涌出之处就是尽头，后来有一青年大胆从巨石下潜水穿过，里面豁然开朗，比外面更长。

华宁有几处溶洞，龙洞河、汪家打水洞在公路边，最易于开发利用。但是我们周边有建水燕子洞、泸西阿庐古洞、弥勒白龙洞、九乡溶洞等等，华宁似乎已没有开发的必要。

盘溪镇以南5千米的小龙潭村，在植被很好的山脚下有“小龙潭”，出水量约十车，村里用石头砌成潭渠，其间小桥流水、景致悠然。近观可见游鱼往来，怡然自得，使人顿感清新和愉快。泉水供村人饮用、洗涤和灌溉。近旁有观音岩，依山岩建寺，供奉观音。

在人类漫长的历史中，泉伴随着人类进步，维系着人类的生命。任何生命都必须有水的滋养才能延续，泉对于人类非常重要。

曲江下游

人类一直在改变自然环境，使自然界的物质尽量为自己所用，许多时候就是治水。为此，人类创造了许多奇迹。

青龙镇贾舍村的跃进泉引水工程是“大跃进”的产物，有着鲜明的时代特色和历史烙印。这个泉出水量很大，以前基本是顺着山箐白白流淌下去。“大跃进”中，群众用三个月就完成了引水沟扩建，用毛石砌成三面光，流水量增加数倍。“跃进泉”就是当时取的具有划时代意义的革命名字。几十年来这里因为这条沟的灌溉，生活条件大有改善。

跃进泉沟头的拦水坝旁立着一块石碑，大小半平方米左右，上部中间刻着五角星，左右各一只鸽子；下面刻着“跃进泉”及诗歌一首，极其豪迈：“党的领导真英明，三大法宝放光芒。人民公社力无穷，翻江倒海闹龙宫。跃进三月超千古，英雄立下万世功。”

青龙街西南一千米的龙井湖，泉水出自岩隙，形成十余亩的大池塘，水清凉，荷叶遍布。所产鲫鱼形状怪异，一侧呈黄褐色，似烤焦状，盲一目。传说附近的小和尚馋伤了，

南盘江第一湾

么婆冲水库

就趁老和尚外出访友之机悄悄从龙井湖里偷了几条鲫鱼回来，放进锅里煎。可是鱼刚刚煎黄一面，就听见老和尚在门外咳嗽，小和尚慌忙收拾干净，再将鱼丢回龙井湖中，这些鱼竟然又活起来。从此这潭里的鲫鱼就成了怪模样。

离抚仙湖边的矣渡村不远，有一个泉最具有人情味，叫回回泉。通过这个泉，我们可以领略民族团结、相互尊重的现实。回回就是回族，估计古代有回民住过此地并长期饮用此泉，后人才会取这个泉名。以前这里的村民每年都到泉边祭祀，所用的贡品一律是清真食品。

民间有祭龙的习俗。农历二月初二这一天，各村都组织起来，到龙潭边祭祀龙王。宁州的吗达村与众不同，是二月十三祭龙。村民们在龙潭边选一棵古树作为“龙树”，全村凑钱买一头纯黑毛的猪，拉到龙树边杀掉，用猪头、脚和排骨做祭品，仪式完毕后煮熟同吃，其余的肉按户均分。人们从周围搬来石头堆在龙树脚，较大

的放在上方做龙头，小的放在下方做龙身，把排骨用一根红绸带扎好，拿100炷香、6根芦苇，由一位60岁的老人把芦苇绑在龙树上（彝族叫抱龙）。之后全村老少抬着猪头，脚面对着龙树跪下磕头致祭。主持人说："今天是二月十三，我们全村老少来祭龙，请你保佑我们风调雨顺、五谷丰登、六畜兴旺、人事平安！"接着青年男女向60岁以上的男性泼水，全身泼湿后，主持人庄严地说："泼得湿，风调雨顺；泼得不湿，东边打雷，西边下雨。"这天晚上，全村男女老少在场院上欢聚，载歌载舞，喜庆热闹，大家跳累、喝醉了才各自回家，祭龙活动才算圆满结束。

近年来吗达村为了扩大对外交往，把祭龙这一文化活动搞得更加隆重。到时除相邻村寨的群众参加外，还要请县里的许多单位前来参加，一切显得更加的盛大和热闹。

千串葡萄出一井，百轮浮月印双泉。象鼻神水天下奇，七犀游龙惠南滇。这是一方秀丽的宝地，这是一块神秘的沃土，六百六十六个潭泉美如画，能为这方乐土锦上添花的人，我相信，有你，有我，还有他。

县城全景

施氏宗祠

俊采星驰的仁人志士

历史的天空闪烁几颗星，人间一股英雄气在驰骋纵横。层峦叠嶂，不少仁人志士，崇冈泉潭，岂无卧虎藏龙？名贤显宦，烈士忠臣，文人骚客，卓异隐逸，历朝历代，彪炳史册者不绝如缕。张文礼首中临安进士，王元翰锋芒直指，刘大绅好官可用，朱家宝翰墨飘香……楼山巍巍，阳暮雄浑，黄尘古道，荒草残碣，寻常村寨，炊烟朝起暮落，看不出山河的视角中，是如此等闲人世间的多少风云变幻！

岁月千载，人生百代，历史的天空，曾闪耀着几多人杰之星，塑造了华宁的历史地位：山水良泉之地，英才辈出之乡。

“钟灵毓秀，人杰地灵。”王勃好语，已成各地志书俗套，但却始终是解读中华人文现象的重要语码——人，是环境文化的产物。

七百多年前爱国英雄文天祥的《正气歌》劈头就说：“天地有正气，杂然赋流形，下则为河岳，上则为日星……”

余秋雨再版的《文化苦旅》散文集感言：“我蓦然醒悟，发现一切文化的终极基准，人间是非的最后衡定，还是要看山河大地。”

这里，山有精神，水有意恋，自然一股似凡非凡之气。容我净手焚香、澄明心神，也敬请你入乡随俗、平心静气，随我进入华宁的山河大地。认知华宁人，应以历史的温情和敬意步入华宁历史的深处。

华宁也小，1950 年以前，虽有三个半乡镇还未划给江川、通海，但地不过两千（平方千米），人不足十万，蕞尔小县，比不上中原人文深厚，比不了江南富足发达。昆明之南，玉溪之东，江湖其表，群山其中，是云南 129 个县（区）中的普通一邑。

华宁也大，古称宁州。有固定州域名称近 750 年，两江（南盘江、曲江）环抱，三湖（抚仙湖、星云湖、杞麓湖）毗邻，中开平野，周绕群山，河谷纵横，潭泉密布，四季云蒸霞蔚。史称：“宁州无海三半海，宁州无江三半江。”“灵秀所钟，精英斯萃，领袖标新，代不乏人。”层峦叠嶂，不少仁人志士，崇冈泉潭，岂无卧虎藏龙？名贤显宦，烈士忠臣，文人骚客，卓异隐逸，历朝历代，彪炳史册者不绝如缕。以此观之，华宁在云南又属于人才大县。

1982 年 1 月份来华宁，初为人师，周末常漫步于县城周边的村寨。到甸尾村，两块大石板上一群人宰猪刮毛正忙，一看，竟然是满汉双文的“朱氏诰封碑”。一天到高茶寨的村子，肥粪堆猪圈旁，一架衰败的门楼上，还悬有一块木匾，“好官可用”四字，虽然斑驳，却还是代“御批”。一次与学生去抚仙湖边的矣马谷村，旧房子施家祠堂上“进士”“文魁”“父子联科”的大匾保存尚好。又一日到大龙潭及后山，有坟一片森然，说是“张家坟”，虽有盗洞如穿山甲掏过的样子，却有无数东倒西歪的石标柱，单围单斗，双围双斗，不一而足。又有一次家访到新城乡，“将军坟”两厢两根石标柱上，右刻“存仁厚良心生佳子弟”，左书“得乾坤正气为大英雄”。文昌宫破门上有联依稀“二流环绕非汉水，十寨合围似荆州”，顿觉气势不凡、令人神往。回来一侃，同事不屑地说：“这算哪样，你还没见过华溪拖白大山的大坟呢，36道门，72卷碑，背山临江，那才叫壮观。”

黄土垅中，掩埋着多少可歌可泣的历史，由此，留意起华宁的典故史迹。楼山巍巍，阳暮雄浑，黄尘古道，荒草残碣，寻常村寨，炊烟朝起暮落，看不出山河的视角中，是如此等闲人世间的多少风云变幻！大有杨状元升庵“青山依旧在，几度夕阳红”的人生况味。

山水衣胞之地，山水性格之人。有山的厚重、勤朴和担当精神，又有水的温润、柔韧和包容品质，构成了滇人中的华宁人人格精神主色调——这是我遍翻华宁史志后得出的印象。

人生之大问是“我们从哪儿来？往哪儿去？”我们的DNA基因，穿越了千秋万代，经历了多少天灾人祸，大浪淘沙，百不存一，幸存遗传至今，是多么幸运、多么偶然！对天道、对历史、对祖宗岂不敬哉、岂不畏哉！至于文化基因，更是穿越过多少历史的激流险滩，一脉相承。这是咱们中国人始终要慎终追远，祭祖寻根心理的自然动因，数典忘祖者，其行能远吗？

世族遗传密码

三台锡命传金璧，五马开基自汉唐。传家源有将军剑，命世常留太史书。裕后光前，齐家治国，世族绵绵，忠孝一辙。这是对华宁张、王、豆、刘等世族的写照。坊间谈的湖广江浙一带国共两党精英人士，虽时有势不两立，但均出自一些百年家族，同族同宗，毋庸讳言。生物基因和文化基因整合传承，自然长盛不衰。

孔子云："十室之邑，必有忠信。"

华宁世居民族是彝、汉、回、苗。宁州有老民谣："柿花树，软枣根，汉人还是倮倮生。""彝娘汉老子"，话虽鄙俚，事确真实。彝族是云南先民，随着秦、汉、唐、元、明、清几次重大的中原汉民入滇而融合汉化，宁州的原住民或多或少都有汉彝结合的血统。从社会学角度考察，又由一些有影响力的世家大族奠定了一个区域内的人口规模和人物格局，这是不可否认的历史事实。世居宁州新城龙亩村的彝族大土司窦氏（简写豆），是继曲靖爨氏衰落而起的宁部酋长，是唐宋时期的南诏、大理国时代滇东三十七部之一的强族，归顺元朝后，封"宁州万户"，以孙子之城"西沙笼"为县。当傅友德、沐英率领的明朝大军开来，助平滇有功，洪武帝朱元璋赐姓为"禄"，三百余年后的清康熙四年（1665 年）因拥明反清，为吴三桂所灭，后遗又复姓为豆，称"禄改豆"。前后世

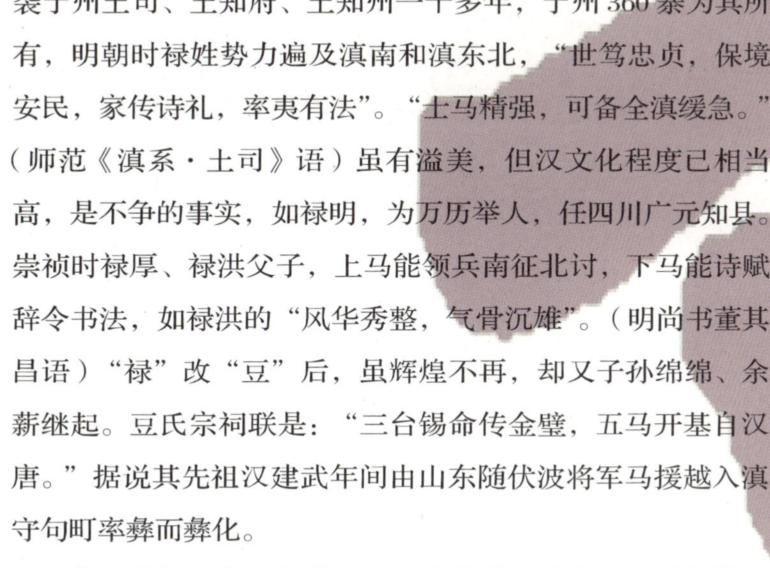

❶ 朱家宝

❷ 朱家飨堂

袭宁州土司、土知府、土知州一千多年，宁州360寨为其所有，明朝时禄姓势力遍及滇南和滇东北，“世笃忠贞，保境安民，家传诗礼，率夷有法”。“士马精强，可备全滇缓急。”（师范《滇系·土司》语）虽有溢美，但汉文化程度已相当高，是不争的事实，如禄明，为万历举人，任四川广元知县。崇祯时禄厚、禄洪父子，上马能领兵南征北讨，下马能诗赋辞令书法，如禄洪的“风华秀整，气骨沉雄”。（明尚书董其昌语）“禄”改“豆”后，虽辉煌不再，却又子孙绵绵、余薪继起。豆氏宗祠联是：“三台锡命传金璧，五马开基自汉唐。”据说其先祖汉建武年间由山东随伏波将军马援越入滇守句町率彝而彝化。

宁阳望族，张王赵魏。而汉族宁州甲族张氏，则是首屈一指的功名大姓。

张氏祠堂大匾：“兰台世家”，门联：“十七世冠裳济济，五百载礼乐彬彬。”

张氏先祖为陕西人，后晋天福二年（937年）入滇为大理国创始人段思平参军，六传至张恭摄宁州事，恭子张文礼“首开临安甲科”，即临安府（今建水，宁州隶属临安府）第一个进士。其后张海、张西铭、张凤翀祖孙三代，均官至监察御史，另一后裔张法孔为四川布政史，单有明一代“四掌乌台（乌台为唐朝时御史台别称），六标雁塔（六人中进士）”。明朝三朝首辅、大学士杨一清赞宁州张家为：“裕后光前，齐家治国，世族绵绵，忠孝一辙。”清代也多举人进士，名宦乡贤如张凌云、张藻、张登鳌等。民国时，张怀礼、张怀信为护国军少将，张伯寿为国军空军中将。当代的“中国布衣”张进德、“北大才女”张曼菱父女即是其后裔。

宁州王姓，先祖为沐英部将定远侯王珊，明朝时授武略将军，至万历翰林王元翰“以直声震天下”而名声大噪。太史第联为：“传家源有将军剑，命世常留太史书。”儿子王

开，为国子监学正。“将军第”“太史第”，有金马、玉堂、文照、武卫之榜。

宁州刘姓，以御批“好官可用”的刘大绅为标志，与侄子刘家达中进士而同为县官，被称为“大、小青天”。朱姓，朱家宝，翰林，官至安徽巡抚，直隶总督。兄朱家霖，进士，四川三台县知县。其他大姓如赵姓、魏姓、李姓、龚姓，历朝历代，各有人望。海镜矣马谷施姓“三代同朝，父子连科”，一门三进士。回族马姓，来自苏杭，均代出英才、各有千秋。至于车、汪、彭、范、仲等上村十姓则为宁州陶创始人。辛亥革命后，“旧时王谢堂前燕，飞入寻常百姓家”。寓姓渐多，唯才是举，各有俊彦。当代如普姓普朝柱，曾任中共中央委员，云南省长、省委书记；褚时健，红塔集团创始人、大企业家。至于各族各姓专家、学者、能工巧匠、著名企业家、厅级以上官员有数以千百计，都是华宁人的优秀儿女。

不要小看历史上世族士绅的作用，我们这块土地上，周期性社会大动荡，天灾人祸，盛衰无情，几劫几难，几灭几起，支撑顽强繁衍生息的是宗族，是祖训族规中的忠孝节义、礼义廉耻、自强不息、厚德载物、朱子格言、严氏家训等教化的力量。他们是中华传统文化、人格精神的载体，相当于欧美家族的有“信仰”的种子。记得一份材料说美国学者 A.E.Winship 在 1900 年做的一项社会学研究：美国两个家族的发展对比，有虔诚信仰的爱德华兹和无神论者马克·尤克斯是同时代人，后者曾嘲笑前者说“你信的那些东西，我永远不会信”。200 年后，社会学者统计了两个家庭的繁衍情况，结果是：爱德华兹家族，人口总数 1394 人，其中有 100 位大学教授，14 位大学校长，70 位大律师，30 位法官，60 位医生，60 位作家，300 位牧师、神学家，3 位议员，1 位副总统。马克·尤克斯家族，人口总数 903 人，其中有 310 位流氓，130 位坐牢 13 年以上，7 个杀人犯，100 位酒徒，60 位小偷，190 位妓女，20 位商人，其中 10 位是在监狱中学会经商的。中国虽无类似研究，且有令人警惕的血统论之嫌，但民间口耳相传的是是否祖上积德、是否有“根基”的大略之言，不无道理。世族世代逐渐积累有政治资源、经济资源和精神资源，诗书传家，修齐治平，人才辈出，自有优势。坊间谈的湖广江浙一带国共两党精英人士，虽时有势不两立，但均出自一些百年家族，同族同宗，毋庸讳言。生物基因和文化基因整合传承，自然长盛不衰。

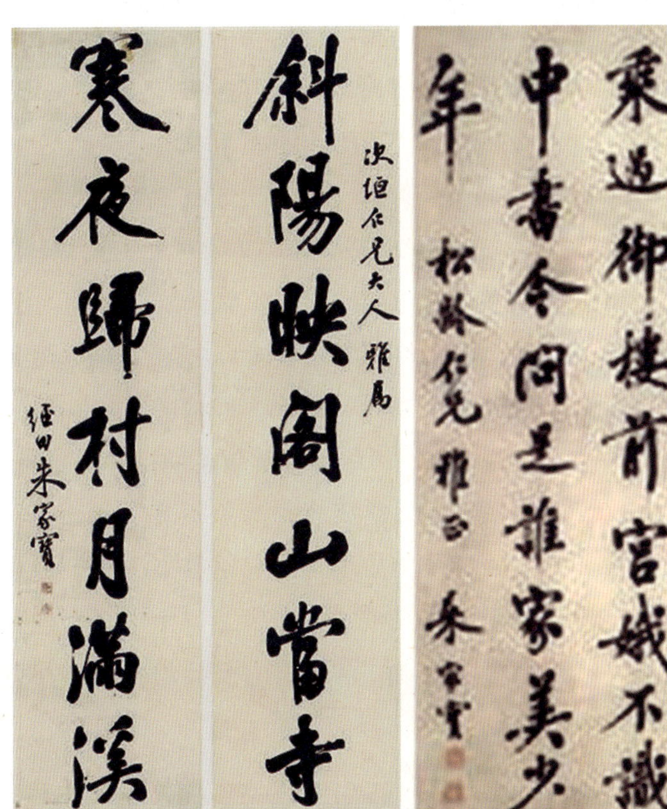

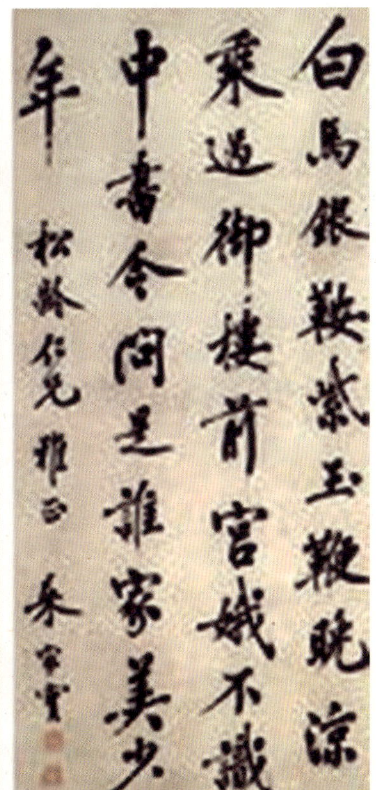

书院中传来朗朗书声

孤山四面水，平地一声雷。牛跨沟梁腹着地，龙过山峰背擦天。这就是施介曾的捷才和气象。据不完全统计，自明永乐甲申（1404 年）张文礼首开临安、宁州甲科起，明清两代，宁州共出进士 25 名、举人 129 名，获云南乡试第一者 4 人、进士入翰林者 4 人、贡生 300 余名。1977 年恢复高考后，考取清华、北大的华宁籍学生 20 多人，负笈海外或学成一家者，更是人才济济。

清乾隆十年（1745 年），抚仙湖畔宁州海镜渔村一私塾先生正在与五六个村童对句。遥望湖光浩渺，孤山小岛中浮，先生即兴命出上句："孤山四面水。"七嘴八舌中，突然一童音应声而起"平地一声雷！"先生浑身一震，寻声一看，对句者乃五岁孩童李松林。"大奇之"，又嗟叹久之，"是儿不同凡响，不同凡响，将来必大有声名！"此儿果真 20 岁就中举，乾隆二十五年（1760 年）为云南乡试第一，次年进京二试，题名二甲，选为翰林院庶吉士，惜后来其年不永。同样的故事在另一渔村矣马谷上演，先生即景出句："牛跨沟梁腹着地。"学童施介曾即对："龙过山峰背擦天。"如此捷才，气象不凡，此儿后为道光癸巳（1833 年）进士。读此文史趣事，我这等当了三十多年的中学教师，不得不佩服得五体投地——老师能以小学之作识鉴出一个学生一生功名成就并鼓励之、栽培之，是要何等学养和智识眼光！联想到评点李自成学堂时的《咏螃蟹》句“一身甲胄任横行”，知将来可能是搅乱天下的枭雄。评点毛泽东 9 岁《咏蛙》诗“春来我不先开口，哪个虫儿敢作声”有帝王之气，是非凡之音。类似佳话，史册多多。闲话打住，无非是说教育是兴贤育才的摇篮，实为千古不易之理。

华宁虽半山区县，儒风流韵“礼失，求诸野”。重道尊师，修齐治平，耕读传家，知书达礼，是随移民们而来的近千年不变的价值追求。据记载，自从元初赛典赤至元十三年（1276 年）掌云南中书行省，立文庙，建学宫以来，至延祐二年（1315 年）云南开科取士，前 40 年无一科举之士。后终元朝，云南仅出过 5 位进士，为元代全国 1139 位进士的零头不到。明洪武十八年（1385 年）后，云南文庙儒学才遍推至州县级。洪武二十六年（1393 年）始建宁州

施氏宗祠

进士施介曾三代同朝为官匾

文庙、学宫，400 年间不断修缮扩充。辅以世族私塾，据不完全统计，自永乐甲申（1404 年）张文礼首开临安、宁州甲科起，明清两代，宁州共出进士 25 名（其中 4 名武进士）、举人 129 名，获云南乡试第一者 4 人、进士入翰林者 4 人、贡生 300 余名。当时从宁州至应天府（南京）赶考，风霜雪雨，晓行夜宿，差不多要走半年。张家一门六进士，施家“父子联科”“三代同朝”传为佳话。一个七八万人的边疆小县，有此科举成就，实属难得。据康有为分析：明清两代全国每年有 100 万童生参考秀才，录取率仅有百分之一；秀才三年一考举人，录取率只有千分之一；举人三年一考进士，录取率只有万分之一。考中举人以上功名，才有做官的资格。尤其入过翰林院，才有当朝廷大学士、首辅的资格。考取进士，元朝一次录几十人，明、清后期全国三年一次录到一两百人。清乾隆四十八年（1783 年）首建宁阳书院（该年恰逢英国承认美利坚合众国独立建国地位），宁州先后建有七个书

❶ ❷ 宁阳书院

院，民国时一县立有三所中学。嘉庆二年（1797年），盘溪《玉溪书院碑记》刻石昭告："延师课读，必公喻，请远处高明先生至。"无论私塾、学宫、三家村学究，总是在《三字经》《百家姓》《千字处》《弟子规》《颜氏家训》和四书五经的诵读中培养着未来希望。至于1977年恢复高考后，考取清华、北大的华宁籍学生二十多人，负笈海外或学成一家者，更是人才济济，也算是历史的流风余韵吧。

❶

❷

疾风中有一簇劲草

1950 年 10 月，抗美援朝正烈，华宁人卢昭政委率50军（原60军改编）447团，坚守白云山阵地浴血奋战11昼夜，牺牲惨烈，歼敌1400余人，获志愿军总部授予的“白云山团”光荣称号。每当民族危亡、家国多难之秋，总有几多华宁人挺身而出，勇立历史潮头。

疾风知劲草，板荡识忠臣。每当民族危亡，家国多难之秋，总有几多华宁人挺身而出，勇立历史潮头。

漫长的封建社会，华宁山多，地瘠民贫为常态。山民赤脚或草鞋佃田地而耕，日出而作，日落而息，杂粮野菜伴食终年，常无隔宿之粮、蔽体之衣，胆小朴实，勤耕苦作，即使大户人家，也不见有甲第连云，也常伴食杂粮野菜。有一富户，以“一粒豆豉横切一刀后成四瓣，可伴四口饭吃”的持家经验，在老辈人中敬为榜样、传为美谈。但有望门投宿的客人至，必倾其所有，热情款待，火把迎送。就是这些纯朴的乡民，当国难当头，须执干戈以卫社稷时，竟能舍生取义，挺身而出，在维护国家统一、民众安宁的关口，用鲜血和生命写下了惊天地、泣鬼神的篇章。抗日战争中台儿庄一役，800 名华宁子弟牺牲过半，能有名有姓载入县志者仅有百人。我曾到葫芦冲乡家访见过一位 93 岁的抗战老兵王万一，老人捧出一

印有“精忠报国”底印的奖状，上写：“183师58团王万一于安义战役，奋发英武精神，荣誉负伤，特给奖状，以褒忠勇救国之功，此状，司令官薛岳。”问他战争时事，他摇摇头，喟然长叹，“说不成了”。他是仅有的几个沙场余生之人。1950年10月，抗美援朝正烈，华宁人卢昭政委率50军（原60军改编）447团，坚守白云山阵地浴血奋战11昼夜，牺牲惨烈，歼敌1400余人，获志愿军总部授予的“白云山团”光荣称号。卢昭在昆明读书时，为追求民主、自由、平等和抗日救国，步行5000余里奔赴延安，历经抗日战争、解放战争和抗美援朝。翻阅《华宁文史类编》忠烈一栏，忠君报国，御外敌、卫主权、平内乱事迹的有以下记载：万历十年（1582年），云南陇川岳凤，弑主叛国，投降缅甸洞吾王朝，联合犯边。万历十一年（1583年），邓子龙、刘铤奉旨赶赴边关，宁州禄华诰、者义率队随征。火烧象阵，者义先驱突阵，大破之。后以数骑侦敌，陷重围，手刃数十人，马蹶，倚树，敌以乱弩射之，及救至，义尸僵立犹持刀杀贼状。镇抚以闻，赠参将，谥忠勇，立祠祭之。云南巡抚姜思睿作诗挽之“尔乃宁州一僰人，威风凛凛冠群伦。浑身是胆临场壮，誓死无他透骨贞。”者义成了第一个记入史册的因捍卫国家边疆而牺牲的华宁彝族壮士。

明崇祯三年（1630年），皇太极率清兵犯京畿，围北京，兵部传檄天下勤王（保卫皇帝），云南巡抚王伉檄宁州土知州禄洪（字霄宾）将兵入卫，洪慷慨陈词“君父有难，臣子安敢束手坐视，赴汤蹈火，洪所不辞”。率3000名子弟兵步行北上，三月出滇，六月抵北京。时清兵已退，天子降

玉溪书院龙抱柱

旨慰劳，命驻防密云长城墙子岭口。洪厉兵秣马，晓候夜探，刁斗分明，合3000人为一心，以御强虏。在京期间，尚书董其昌、征士陈继儒皆器重之。幕府曾记功云："黔借滇为外护，滇借洪为长城。"后因平滇乱而返。

明崇祯十一年（1638年），宁州同胞兄弟蒲英、蒲纶，自幼皆以勇闻，随贵州巡抚傅宗龙征"流寇"，累立战功，授参将。又随监军杨嗣昌讨张献忠，擢副总兵。兄弟俩又依督帅何腾蛟，与清兵战于永州，蒲纶被获，不屈死。蒲英夺围而出，后追随明永历帝转战湖赣两广，晋升为后军都督、永宁伯。后随永历帝奔缅甸，死于咒水之难。

宁州人蔡鼎锜，年16，有勇力，善骑射。崇祯十一年（1638年），随巡抚傅宗龙征"流寇"有功，授忠胜营副将，随杨嗣昌讨张献忠，授左军都督。又随左良玉入陕追讨。率千骑迎战于白牙桥，中三十余矢，力战，死之，封宁威将军，葬安龙府。

明朝崇祯年间，政乖年凶，大明朝气数将尽，李自成、张献忠等民变蜂起，大乱于内，清朝努尔哈赤、皇太极数次攻掠于关内外。西北中原，赤地千里，民不聊生。民变虽有官逼民反、生活无着之因，但张献忠辈横扫之处，不论贫富贵贱一律生灵涂炭、焚掠殆尽，屠川更是恶名昭彰。既不代表先进文化和先进生产力，也无安邦治民之德才，以屠戮杀掠为能事，“白骨盈于野，千里无鸡鸣”。平民百姓想做稳奴隶而不得。此等草菅人命反社会、反人类性质的暴乱，不应是今天以民为本，提倡稳定和谐、实事求是的历史良知所肯定的。

魏明，字恒光，避乱居家于宁州之白云庵。性沉毅，矜气节。由开化（今开远）镇把总累功升新嶍（今新平、峨山）参将。曾三进安南（今越南），一征西藏，再平迤夷，斩获无数，招抚流亡以万计，随升广东三江协兼辖连阳副将。

“王二发，宁州人，李小六，永昌（今保山）人，俱无赖子，流寓会城（省会昆明）。1662 年三月十八日，吴三桂缢王（永历帝）及妃并世子于五华山，分尸碎骨，二发、小六旁观之，愤不自禁，举巨石打监场官，立毙命。执之，缚见三桂。小六善口才，持纲常大义以责骂吴三桂，三桂不能仰，遂命斩之。临刑，二人言笑自若，大声告观者曰：‘我等死得其所矣！望诸君为王复仇！为大明复仇。’是夜，提筐检王骨被戮者四十余人。惜乎，姓氏无闻也！”这是历史上悲怆的一幕，吴三桂降清后，封平西王，为清军前驱，将永历帝朱由榔一家从缅甸提回在五华山处死（该处后称“逼死坡”）。两个旁观的叫花子游民，华宁的王二发、保山的李小六竟看不下去，怒从心上起，恶向胆边生，举巨石当场打死监斩官，斥骂三桂而从容赴死。大明朝未给两位市井小民带来任何好处（否则就不会四处流浪了），但凭此热血男儿之性，远胜大明朝多少投降将帅，变节朝臣！当夜为捡埋永历帝一家尸骨而被三桂清兵诛杀的40余位未留名姓的云南大头百姓，堪称春秋义士！寻常百姓不畏强横、怜弱抗暴，持纲常大义，云南人志乘有光矣！王二发、李小六两个最不起眼的宁州、保山草民，400年后，行文至此，仍感大义凛然、英气逼人，令人肃然起敬！

清光绪十年（1884年），宁州王定国、普云芳二管带率本州乡勇参与云南入越抗法战争，参与击毙法国大将孤拔，取得宣光、临洮大捷。

历史翻到清末民初，停科举，兴学校，华宁兴弃文讲武之风，宣统元年（1909年），云南陆军讲武学堂第三期首次面向社会招学生学员340人，和朱德同期考入的宁州籍学员10余人，后来著名的金汉鼎、鲁子材（两人籍贯1950年前属华宁）、魏丕铸、张怀信等参加云南的重九起义、护国首义、护法战争。在蔡锷、唐继尧的率领下，以边隅之地，万余之众“为四万万同胞争人格”，首举讨袁大旗，以国民革命军护国第一军出四川、第二军进两广、第三军守云南，浴血奋战，扭转乾坤，为民国共和再造、孙中山北伐统一大业做出了贡献，获少将以上军阶者达9人。

抗日空军“飞将”张伯寿。张伯寿1909年生，出身于宁州望族张氏之门。父亲张筱谷民国时曾任禄劝、武定、蒙自等县县长，颇有政声，又是著名书家。张伯寿先考入昆明工科学校，立志工业救国。“九一八”事变爆发后，目睹民族危亡在即，毅然于1932年3月报考广西航空学校保家卫国。他身高1.8米，仪表堂堂，平素理科优长，英语更好。经严格考试、体检合格，成为李宗仁创建的广西航校第一批学员，为驱逐科（战斗机）飞行员，全为日式教练法。一次驾驶意大利新机试飞，空中起火，张伯寿沉着冷静，控制着火飞机滑翔降落，人机俱保，同事惊叹。张伯寿刻苦训练，勤于钻研，以优异的成绩毕业。被推荐到日本明野驱逐飞行学校深造，数年，技术过硬、表现突出，1937年卢沟桥事变时学成归国。中日大战一触即发，日本教官诚恳地说：“不希望在空中与张君相遇。”张伯寿1937年任中央空军第三大队独立第32飞行中队本级队长，驻防南宁。1938年1月8日，日军14架飞机首次空袭南宁，张伯寿率5架战机迎战，打响了中国对日空战的第一炮。虽敌众我寡，5勇士近身格斗，击落、击伤敌机4架，我机507中弹，23岁的驾驶员蒋盛佑跳伞下落时被日军射杀牺牲。32驱逐机中队首战告捷，轰动全国，全民振奋。

8日、9日又连续进行了4次空战，日机出动6批46架次，被32中队击落、击伤5架。我机一毁三伤。1938年4月，台儿庄战役空前惨烈，第五战区司令官李宗仁命嫡系广西空军32中队冒险轰炸日军阵地以鼓舞士气。张伯寿率32中队18架苏伊—15、伊—16低空轰炸日军阵地，鬼子血肉横飞，并击落敌机两架。日军还以为自己飞机轰错地方，我军见机先躲后欢，士气大振，奋起反击，痛歼日军第十师团、第五师团大部，轰动世界。1939年12月，中日鏖战昆仑关，张伯寿率32中队配合地面战场，多数战友血洒长空。

1940年，先后在重庆上空7次空战。击落、击伤敌机多架。1943年8月23日36架敌机空袭重庆，张伯寿等中华空中勇士奋起反击，又击毁敌机多架，其中日军“轰炸之王”兴田大佐毙命该役。

1945年8月15日，日本宣布无条件投降时，空军第32中队12名飞行员，仅存张伯寿一人！日本自1895年甲午战争后，在台湾经营50年，驻台日本数万空军未受打击，建制、装备、人员、物资齐全，蠢蠢欲动。蒋介石电令空军司令周至柔精挑去台湾受降空军将领，张伯寿以身经百战、战功卓著、精通日语，且与驻台日空军指挥官有渊源而入选。10月，在台行政长官陈仪率领下，负责接受台北、台南日空军投降。张召见日空军驻台第八飞行师团师团长山本健儿中将，下达中方明确具体受降指令。1945年10月25日上午9

时整，台湾受降仪式开始，主席台上，张伯寿是受降台上中方九位主官之一，宣布被日强占50年的台湾宝岛正式回到祖国怀抱。尔后，张伯寿被任命为台澎空军司令，空军中将衔。抗战中张伯寿几乎参加了所有中国空军对日空战，硕果累累，他和战友们的抗日功勋，永垂史册。

类似的家住盘溪的饶正明（1908—1985年），1932年去教从军，就读云南航校，毕业后在龙云部下任云南航空站站长，抗战起并入中央航校，出生入死，浴血抗战。胜利后，1948年去台湾，为空军中将。

上海审判日本战犯军事法庭少将庭长李良。李良（1901—1963年），号次升，华宁县宁州镇人。1920年7月至1929年1月先后就读于北平朝阳大学法律系，司法储才馆。1929年2月至1931年7月任北平地方法院推事兼任大学法学教师，1931年8月任上海第二特区法院推事，兼任上海法政法院教授。1940年11月在上海法商学院，震旦光华大学任法学教授。因拒不出任日伪“上海高等法院院长”而被捕。1945年8月日本投降后，出任上海高等法院民事审判庭庭长至1949年5月。1946年7月至1947年7月，李良以其渊博法学知识和民族气节，被推荐任国防部上海审判战犯军事法庭少将庭长。一年中，共主持审判了一百多名华北地区日本战犯。其中有杀人成性，人称“江阴虎”的日本宪兵军曹下田次郎（1945年日降后的中秋节还刺死12名在押中国人），号称“常熟狼”的日本宪兵队长米村春喜（曾以酷刑致50多名中国人死亡）。审判中实地勘查，人证物证确凿，认真依照中国法和国际法，代表中国政府和人民认真清算了每个日本战犯的罪行，昭人间正义于天下，判处两个杀人恶魔死刑，1947年6月17日在上海游街示众后公开处决，其余战犯分别判处五至十年监禁不等。为中华民族赢来了迟到的正义和公道与尊严。

历史的天空闪烁几颗星

一个云南宁州人王元翰的入朝掀起了朝廷的轩然大波，在谏垣四年，上至皇帝，下至朝臣宁吏，不平则鸣，犯颜直谏，指斥奸佞，“以直声震天下”。乾嘉年间，百姓多受贪官墨吏盘剥，刘大绅这种清操自守，仁政爱民的县官如凤毛麟角，百姓唯恐廉去贪来，呼为“刘青天”，挽留再三。嘉庆皇帝认为其行可嘉，令巡抚代为朱批“好官可用”给大绅以示恩典。

从小背诵于谦《石灰吟》：“千锤万凿出深山，烈火焚烧若等闲。粉身碎骨浑不怕，要留清白在人间。”于谦，是大明朝第一人品才能辉映千秋的忠臣、干臣，在明英宗土木之变时（明英宗朱祁镇受太监王振煽惑轻征瓦剌，50 万军被也先围歼，皇帝被俘获，继而进围北京），挺身而出，以明朝兴亡、天下苍生为己任，砥柱中流，力挽狂澜，他旁边站出来的坚定支持者中就有一宁州人——广东道御史张海。张海，字克宽，叔祖张文礼，为永乐甲申（1404 年）进士，首开临安甲科，在明成祖朱棣面前说不善当官，愿就学职，故任命为四川涪陵学政，后转云南府教授，名士多出其门，滇东文教，首赖以开。侄孙张海在宣德年间由贡监任扬州推官，政绩卓异，由兵部侍郎郑三衢、大学士杨荣推荐，于正统六年（1441 年）拜广东道御史（明朝全国设十三道）。奉皇命督察北京、辽东军务，镇守辽东六年，“烽烟宁息，朝廷无东顾之忧”。正统十三年（1448 年）力挽延平危局，参与平定福建邓茂七民变而不争功，“招抚流离，所活甚众”。土木之变时，瓦剌首领也先挟明英宗威逼明廷索求不已。张海进见于谦说：“中国之财有限，敌人之欲无穷，不如迎郕王（明英宗弟朱祁钰）监国（代理皇帝），以图后举。”被于谦采纳，于是于谦率商辂、王直、张海等大臣请孙太后下诏，迎郕王监国，一月后继皇帝位，是为景泰（大家联想起名瓷“景泰蓝”）。任于谦为兵部尚书，制定战守，刷新吏治，稳定差点南迁的政局。景泰帝重新认定张海平福建功第一，留京擢用。但张海生性亢直，与左都御史冠琛相左。景泰二年（1451 年），贵州苗族动乱，冠琛排挤张海出京为按察使巡按贵州。张海临苗地，“晓以大义，苗皆望风感化”。贵州督抚蒋深大为器重，申报朝廷请予张海加级留任镇抚。景泰七年（1456 年），被赎回静养多年的明英宗，趁景泰帝重病时由野心家徐有贞、石亨、曹吉祥等辈拥立复辟皇位，史称为“夺门之变”，冤杀于谦等并株连张海下狱抄家。两年后，张海之妻杨氏进京击鼓申冤，时值奸党败黜，英宗给予张海昭雪，钦命复官入朝，但圣旨未到贵州时张海已病逝。临终作诗：“红叶黄花满夕阳，西风吹雁不成行……敝裘不是偏生冷，犹带人间六月霜。”入贵州名宦、崇祀乡贤。

张海去世十年后，其第五个儿子张西铭登上了历史舞台。西铭，字希载，号鹤轩，传因其母梦有松鹤飞落庭院而生。成化十一年（1475 年）考中进士，授江西抚州金溪县令，任职期间抑豪猾、扶弱困，治虎、蝗之患，重教化，安一县百姓，因政绩卓著，于成化二十三年（1487 年）拜河南监察御史。第二年，奉皇帝诏令巡按辽东，时后金屡犯边界，辽东成为大明朝边防热点，而官兵将恣兵横，多有失利，张御史认真督查整顿，检阅行伍，修浚城堑，奖功罚罪，执纪严明。三年后，“三军奋勇，辽海为之一清”。后回到河南任上，又奉皇帝诏命巡按苏州、松江八郡，所过之处“权贵为之震怵，群盗为之自散”。来到镇江，民饥无食，地方官不敢擅

❶❷ 王元翰故居

自放粮，张御史未经奏批，自主督促开仓赈救，所救活百姓数以万计。后来禀报，朝廷嘉许，称为能干之臣。常熟县县令枉报其乡民钱原六图谋不轨，锦衣卫来调兵密捕，张御史力保不实，以三天为限让钱全家来接受审讯，澄清事实，得以免除飞来横祸。张御史母亲去世回乡守孝三年，在家捐金修学，课训宗族子弟，孝满后，弘治四年（1491 年），官拜湖广道御史，以学行兼优又钦点为直隶督学，履职时识大体，严明学风、教风，严宽适当，以公明才德得师生钦敬。还嘱咐家乡宁州扩修文庙。后在一次科场取士做考官时在考场去世。被朝廷表彰为直隶名宦，奉诏优恤，赐驰驿归葬，崇祀乡贤，著有《鹤轩集》存世。

张凤翀在张西铭三子中排行老二，字文采，号歧山，登正德十六年（1521 年）进士及第，出为安徽旌德县令，上任即体察民疾，旌德山多民贫，忽有巡抚要养军马命令，百姓呼号。凤翀即上《奏旌德免养马疏》，派一能干老人直送京城，自系囚衣，待罪巡抚衙门。幸得嘉靖皇帝恩准，凤翀在旌德南湾石壁大书“钦免养马”四个大字。宣城四县均受益，《旌德县志》载凤翀：“莅政明快，案无留事，狱无系囚。”多年后，百姓仍焚香祭祀。离任时，仅衣鞋三箱，足见清廉，百姓赠“万民伞”。嘉靖五年（1526 年）转任丹阳县令，

王元翰故居

"公明节俭，爱民如子，重建县堂，更新学官，百姓颂之"。因政绩显著"才堪治剧"，嘉靖八年（1529 年）升任广东道监察御史（他爷爷张海任过此职），奉皇帝诏令勘察南京各军卫仓储屯田，查草场，除奸弊，丈量荒弃屯田，根据宽窄肥瘠招民耕种，不堪耕种者，奏免租税，百年积弊，为之一清。"在宪职，振纲饬纪，军民皆悦。"以上就是张家祖孙三代四任御史的经历——四掌乌台。

凤翀后有侄孙张亮，字寅之，以学正掌温江县务，时值明朝末年，军旅之事频兴，索要地方银粮供张无度，地方官苦于追逼有弃官或自杀者。张亮能料事在先，计划调度运筹精当，使各不过分相扰，军民安堵。后又转任金堂县令，犍为县令，皆勇于任事，"以威济德，民皆悦服，政声大振"。上司和朝廷使者都向巡抚交章推荐其才略，称张县令是"博大端方之士，磊落超众之才，内可寄六馆之褚，外可授干城之任"。但因长子去世，而五次辞官，获准退养。居乡有隐德，享年 80，崇祀宁州乡贤。

历史翻到明朝万历二十九年（1601 年），一个云南宁州人王元翰的入朝掀起了朝廷的轩然大波。元翰字伯举，号聚州，少年磊落英奕，有大志，年少即中云南乡试第 11 名举人，深夜苦读时听到游鱼触动荷叶声竟顿然开悟，诗文大进。万历二十九年（1601 年）中进士，选为翰林院庶吉士，万历三十四年（1606 年）改吏科给事中，很快又升为工科右给事中。在谏垣四年，上至皇帝，下至朝臣守吏，不平则鸣，犯颜直谏，指斥奸佞，"以直声震天下"。万历皇帝 10 岁登基，大明朝第一能臣张居正精心辅佐、励精图治、锐意革新，管教严如师父，一时国富民安。待张首辅去世，万历皇帝 18 岁亲政，逆反恩师其道而行，宫廷奢侈，索求无度，全国派出太监做矿监税使搜刮金银珠宝以供内廷，天怒人怨。又欲更换太子与臣工们"争国本"，闹得朝廷乌烟瘴气，从万历十四年（1586 年）起干脆称病不上朝，当皇帝"消极怠工"，对奏章置之不理。除看紧皇权，醉心敛财外，任臣下正邪如鼠斗穴中。朋比为奸，吏

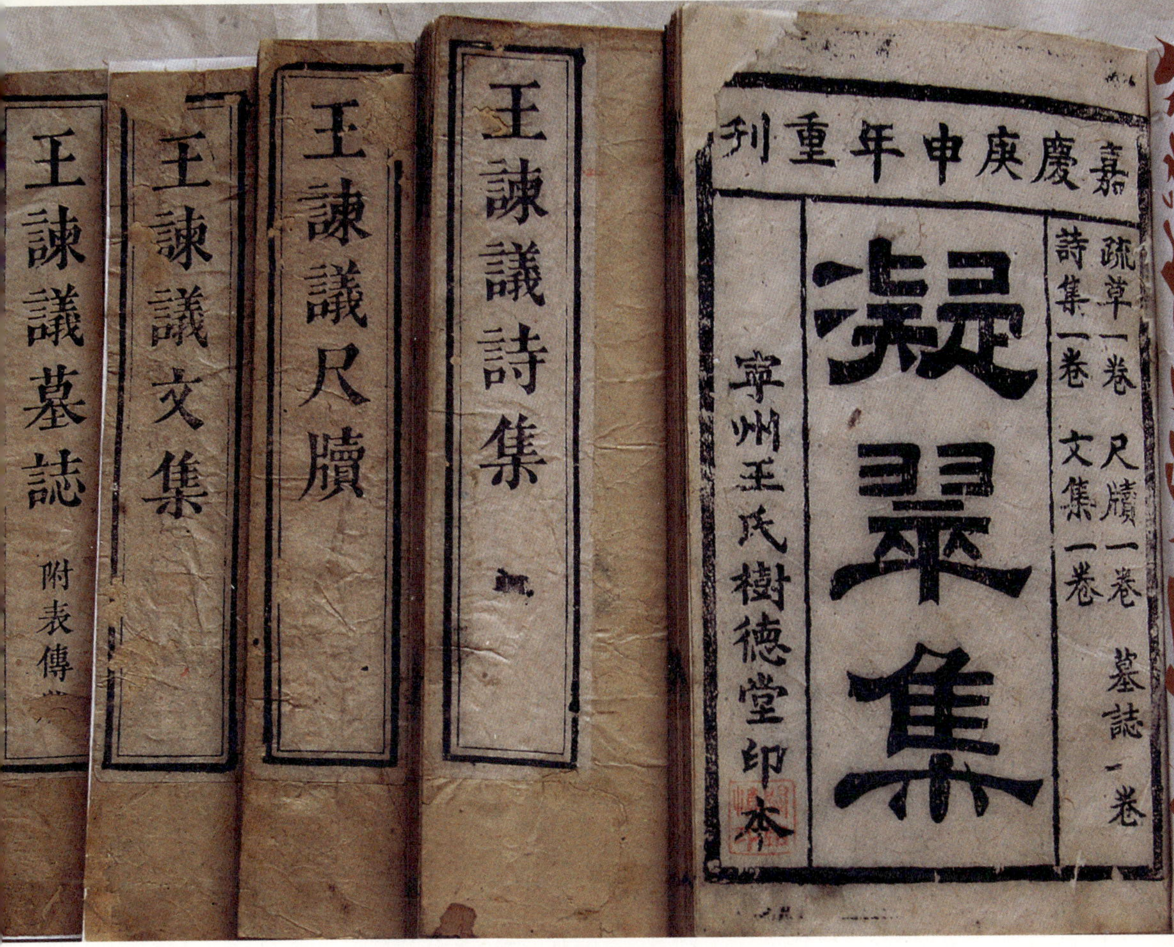

治腐败，民变四起。二十多年不上朝，堪称“宅皇帝”。王元翰心中愤疾，首先锋芒直指皇帝，上疏批时政五事，又言“可痛哭者八事”，如，皇上在位多时不理朝政，厌见臣工，于国有不闻，于家有不见，内阁首辅朱赓三年未得见皇上一面，可痛哭者一也；六部长官、官曹多年缺员不补，沉官不起，使臣无处交差，因循苟且。总之是“官荒、空转，办公无人”，可痛哭者二也……（查史料：“万历二十九年（1601年）时，就北、南两京缺三尚书、十侍郎，科道九十四，天下缺巡抚三，布按监司六十六，知府二十五，请简补，不听。”）“京师十万兵，岁费币二百余万，大多是市井游棍、负贩无赖冒充领饷，一旦有急，能战者数百人而已，可痛哭者五也……”“矿税之使遍天下，民间卖儿卖妻，转壑炊骨，陛下借回禄以剥万民，可痛哭者七也。”“皇上不祭宗

庙，不教皇子，亲匿宦妾，疏远正人，如此焉能长治久安？此可痛哭者八也。”直言不讳：“有君心之变，然后臣工之变因之，今日挽天地洪水寇贼之变易，挽君心与臣工之变难。”万历皇帝想重盖三大殿，元翰上疏阻止：“国家自有矿税以来，天下之财半入宫廷大内，半人群小之中，岂可又兴工重累吾民乎？”使三殿停建。语多且直，批鳞犯颜，疏虽留中，皇帝倒也未怪罪下来。王元翰又认为“与其批鳞，不如借剑”，矛头对准不法官员，弹劾大学士、首辅沈一贯使之罢去，弹劾户部尚书李廷机无相识、相才、相度，不宜入内阁为相；吁请重用较正直的东林党人邹元标、顾宪成、赵南星、高攀龙等。又弹劾兵部尚书芮大亨赃秽如山、左副都御史詹沂柔媚无骨、户部尚书赵世卿末路回邪，均宜罢斥。会推时又参南京兵部尚书孙鑛、辽东巡抚赵揖、贵州巡抚郭子章、两广总督戴耀、

《寄庵诗文钞》刻板

福建巡抚徐学聚，又弹劾管库太监杨致中、王道剥商婪贿等。谏章凌厉，满朝皆畏其口。

王元翰十分关心云南家乡的疾苦，上《滇患孔殷维桑虑切疏》《滇民不堪苛政疏》为民请命，大声疾呼。为家乡写革乡兵、革乡夫碑记及《重修文庙碑记》。在写给云南巡抚、总镇的信中，首次提出要开通由川、黔、桂四路入滇大道，开通金沙江水运直达南京，颇有战略远见。揭发云南社会混乱，官兵屠民抵贼，官逼民反事实，指斥将云南榷税、贡金由 2000 增到 5000 是虐政酿乱之道，应当恢复到原数等。世守云南黔宁王沐昌祚，使人入京向王元翰行重礼，想为他横征暴敛与守滇无能说好话，被王元翰义正词严责拒。刚方耿直，举朝不敢言而言之，激浊扬清，义无反顾。

由于王元翰力持清议，直陈是非，难免锋芒过露，毛举苛责，树敌太多，犯了官场大忌。有同僚王绍徽为谋其师汤宾尹升职而拜求王元翰援手，被严词拒绝。于是惭恨交加，伙同御史郑继芳一干人诬陷王元翰巡视库务时受赃盗库金数十万，无圣旨竟事先派人看住王元翰家，王元翰上疏自辩，皇帝也不闻不问，于是愤慨之极，尽把全家那点箱笼家当拉到五城兵马司处，让军民翻看以自证清白。然后拜阙大哭，挂冠径去，时为万历三十七年（1609 年），事后被上司定为浮躁、擅离职守罢职。此后，朝中“发愤为国家申大义于天下者，寥若晨星矣”。王元翰从此移情山水、滞留东南，交往东林学人，三年后返回宁州抚仙湖边世家村筑水明楼居住。15 年后的天启五年（1625 年），吏部尚书赵南星上奏起用王元翰为湖广按察司知事，随后又擢升为工部主事。待王元翰赶到南京时，赵南星被权宦魏忠贤赶走，连带王元翰又被削职为民。于是浪迹江湖，寄情山水与诗歌。到崇祯年间，魏党被诛，京兆尹刘宗周等上章请求为王元翰洗冤复官，又被吏部尚书王永光等以前政敌所阻。最终于崇祯五年（1632 年）贫病交加逝于南京，囊无一钱，全靠

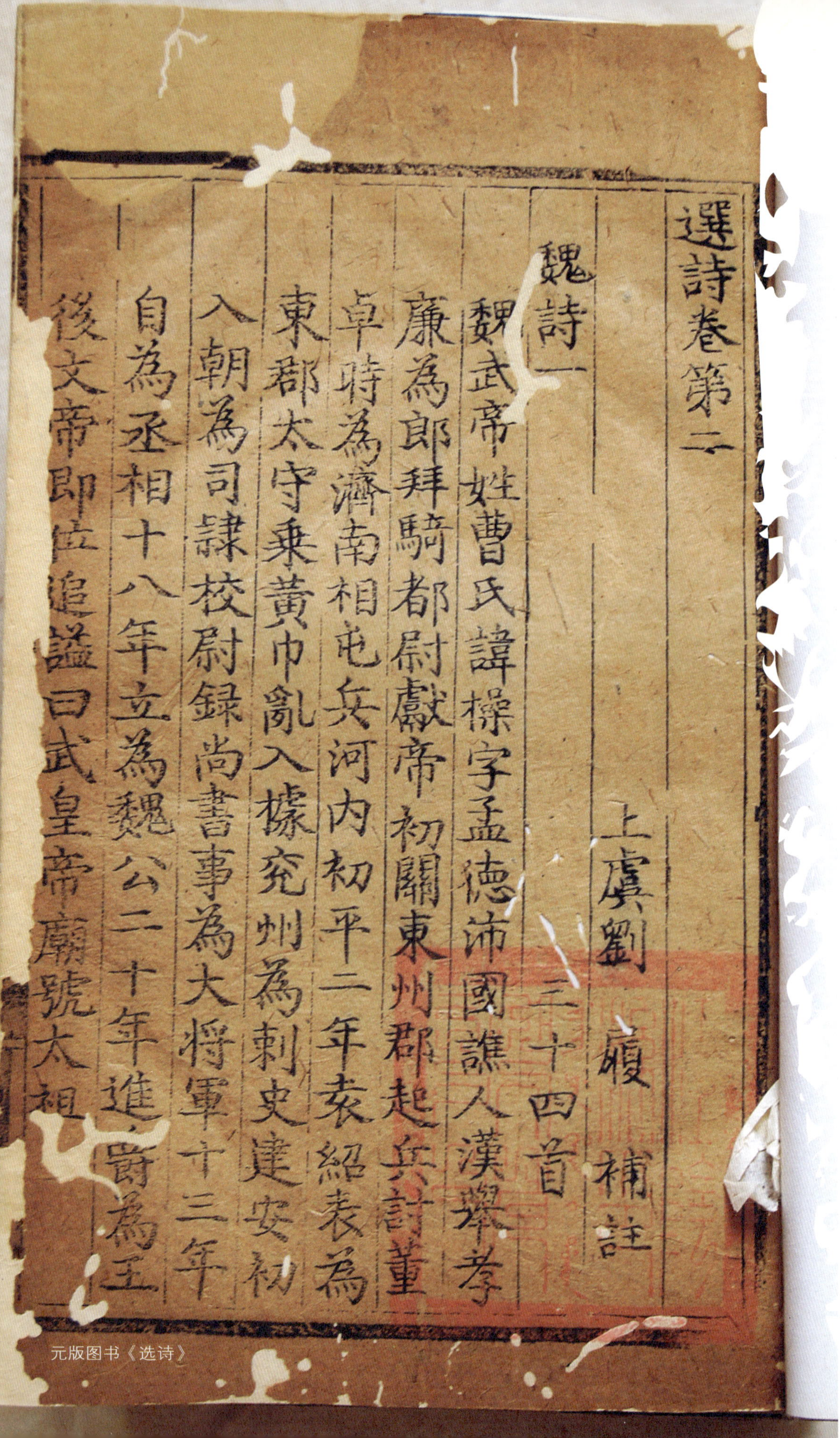

選詩卷第二

上虞劉履補註

魏詩一　二十四首

魏武帝姓曹氏諱操字孟徳沛國譙人漢舉孝廉爲郎拜騎都尉獻帝初關東州郡起兵討董卓時爲濟南相屯兵河内初平二年袁紹表爲東郡太守乘黄巾亂入據兖州爲刺史建安初入朝爲司隷校尉録尚書事爲大將軍十三年自爲丞相十八年立爲魏公二十年進爵爲王後文帝即位追謚曰武皇帝廟號太祖

元版图书《选诗》

朋友范凤翼、黄正宾仗义安葬。明末著名理学家刘宗周、著名文坛领袖钱谦益为其撰写墓志铭。“公安派”三袁之一袁中道为其诗作《南岳草》作序。王元翰为明万历年间影响全国政坛的宁州第一人，他说：“吾平生不能去心者道义、知己、名胜山水耳。”他按自己选择的生存方式，做官正义凛然、疾恶如仇、刚直不阿、无怨无悔，达则兼济天下，穷则独善其身，人生坷坎，清操不坠。清朝张廷玉主修的《明史》有传略，可谓名垂青史。

王元翰弃官的第二年，又有两个宁州人张法孔、赵琦同登万历庚戌（1610 年）科进士。张法孔为宁州张海兄弟张护一支的后裔，先授户部郎中，提督建昌学道，“门无私谒，清操绝伦”。以才干升四川布政使（相当于财政厅长），时张献忠进犯成都，张法孔全力支持并出家资资助蜀王、巡抚协力固守，击退之后，因押送官银 20 万两赴奉节中途被劫而降级，且毁家纾难。蜀王荐其清介贤能，宠辱不惊，有大量，诏以太常寺卿起用，不久病逝，被称为“天下清官最”。

赵琦任职工部，管砖、陶等朝廷建材、制造，清积弊，务清廉，陶户立石志其德。天启年间，左都御史杨涟、给事中左光斗交章推荐。奉皇帝诏令巡历山东临清等地，又任过开、许二州知州，除奸革弊，政声卓异，升大名府知府，备乱安抚地方有方，调任保定府知府，政简刑清，一郡称治。又书院曾请其批阅试卷千余份，一日阅完，评点恰到好处。后因积劳成疾而逝。巡抚帮助料理后事，当时著名大学士明末第一军事战略家孙承宗将其事迹申报崇祯皇帝，钦赐驿道归葬。入任职州府名宦，崇祀乡贤。

进入清朝，宁州共出了 15 个进士。在北方做官有较大影响的莫过于“好官可用”的刘大绅和“京畿循吏第一”的朱家宝。

刘大绅（1746—1828 年），字寄庵，乾隆三十七年

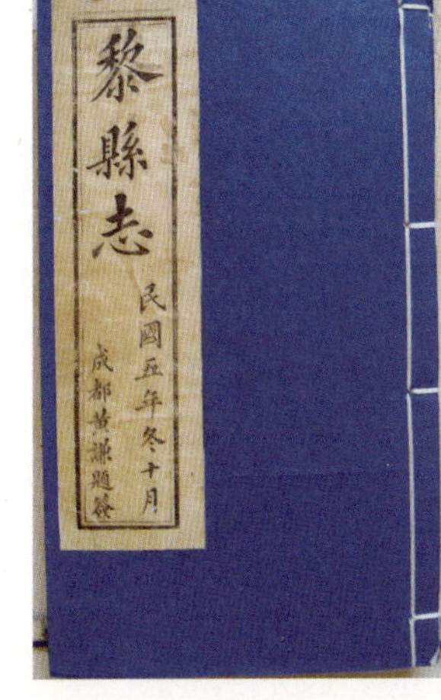

华宁《黎县志》

嘉庆朱批刘大绅
“好官可用”

（1772 年）进士，以官声、教育、诗文名重当时，当推为宁州人中官声及道德文章第一人。

刘大绅家居宁州镇，现江华公路旁的高茶寨村。自幼以勤耕苦读博取功名，26 岁中进士，属谦谦君子，无意营求，十年未得实授。饱读经史，砥砺学行，精于诗歌古文，以忠孝节廉为立身根本。乾隆四十八年（1783 年），到山东任职，最初管曹县、单县，两县均属山东财赋之地，刘县令至，从不多收百姓分文。乾隆末年，官员“养廉银”薄，全靠年规节礼等“潜规则”行事，官场盛行迎来送往中谋升官发财之道。大绅洁身自好，不屑也不善于此道，顶头上司过境，既不逢迎，又不能犒劳随员，就被“穿夹脚鞋”。调派刘知县去管长山水运粮秣之事以刁难。大绅一至，体恤民情，调度有方，百姓顺心，水陆并进，提前完成任务。上司又调他到新城兼管朝城，时逢山东三年大旱，民生维艰，刘知县及时向上司禀报，申请拨银赈济，开仓放粮，一方面想方设法组织灾民生产自救、互救，另一方面自己带头捐俸银，动员大户捐银粮接济，竭力拯恤，全活灾民甚多，新城灾害影响远轻于邻县。刘知县突然又接去曹县的调令，百姓向上司请留，不准。适逢御史巡视至，数千百姓遮道请留，遂得以留任，完成新城城墙重修工程方离去。到曹县，灾情影响比新城更糟糕，刘知县全力救抚而不扰民。突然接到征调上万民工修黄河大堤赵玉河段的命令，刘知县认为这是以工代赈的救灾良机，迅即召集民工，好言安抚，精心组织。可想见，黄河大堤上，电闪雷鸣，救险人流中，刘知县官服泥泞，拄棍踉踉跄跄来回呼喊指挥。督查施工和后勤保障，几百丈大堤两月终于完工，上万民工没有出现逃跑或伤亡事故。上司又通知急调修河秸秆300万斤（用于裹石筑堤），刘知县认为百姓才开始秋收，请求暂缓，不允，反而督责严急，胁以罪论。县民得知，生怕连累好知县，争先恐后赶交，不出十天，完成了300万斤之数。一次，刘知县出巡乡间道上，听马后有百姓相互诉苦说：“又快到交赋税的日子了，现在粮价低贱，卖不上价，难啊。”刘知县就对他们说：“等粮价升起来再卖吧，迟交就迟交了。”话一传开，百姓高兴，收粮官吏却大为恼火，就向上司控告曹县县令擅自放开征赋税期限，请赶快选派能干之人来代替。当新派人来到时，新赋已如期交齐。上司又威胁说，曹县遭灾那两年的税银还欠四五万两之多，不交清还是要另派县官顶替。全县百姓很害怕清官一去、酷吏重来，相互传言，连天连夜，赶交到所差不多。前任县令曾遗留下一件积案，刘县令一时未能审决，加之“擅命赋期”，就被停职待处，卖字为生，最后竟判与同官为“削籍遣戍”。大绅即日上道，一些人士馈赠路费，不收，尽丢在他车中而走。大绅路过一个黄河决口之处，尽将其救济灾民。还没到达流放地点，就被通知返回，原来新城、曹、单县三民集资把他赎回来了。转眼到了嘉庆年间，河南巡抚陈大文新来任职山东，起用被“处理”过的官吏，刘大绅名列第一，召见时任命他到冠县。他以老母年高，自己患病为由力辞，不允。冠县也是赋税大县，难收，到任一月，又想找上司辞职，被冠县百姓请回。大绅叹息说：“人说县官是民之父母，要爱民若子，父母说的儿

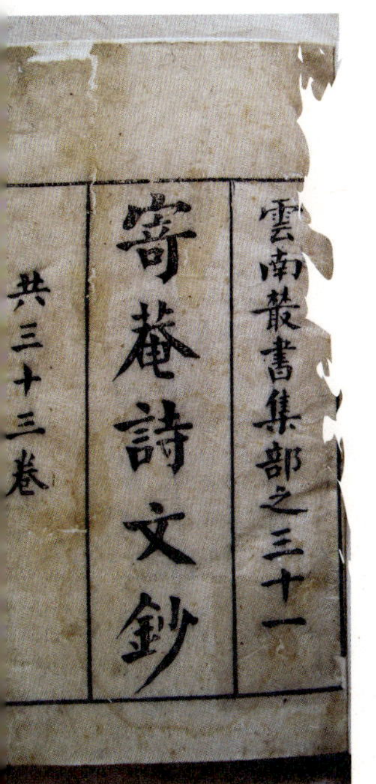

“云南丛书”《寄庵诗文钞》

❶ 米芾宝藏
❷ 求民之莫

女做不了，咋办？”冠县百姓说：“百姓们会尽力完税赋的。”冠县有一土豪，历来抗税不交，一次大绅看望庄稼路过，就把他招来问：“你无钱吗？”“是的。”土豪答。“我就替你交这回吧。”替他交了银两。第二年仍不交，大绅派人去问，土豪仍说“没钱”，大绅又典当衣物替其交了。土豪感愧不已，从此再不欠税。先后任职华县、范县和福山，后来，刘大绅被任命为青州府同知，又转为武定府同知。每离任百姓下泪以送，齐称“青天”。登州、莱州一带正闹蝗灾，巡抚专任大绅治理，大绅动员乡民群起捕杀，烟熏火烧，终于清除。接着山东一带黄河下游泛滥，巡抚又命他总管漕运河至大清河一带沿河城乡的赈灾事宜，大绅恪尽职守，风雨泥泞惠民清廉。赈灾完成。巡抚将大绅 22 年在山东勤政清廉、百姓拥戴的事迹上报朝廷，嘉庆皇帝认为其行可嘉，令巡抚代为朱批“好官可用”给大绅以示恩典。乾嘉年间，百姓多受贪官墨吏盘剥，见刘大绅这种清操自守、仁政爱民的县官如凤毛麟角，唯恐廉去贪来，呼为“刘青天”挽留再三。刘大绅清操自守，却又被官场视为“异类”，受尽排挤、刁难，仕途蹭蹬，官当得累，久萌去意。嘉庆十年（1805 年）终累次辞官回乡得准。好在民心是秤，离任时，乡民代表一路伴送出数百里。新城张万灵等乡绅请人绘《遗爱图》19 幅（大绅在各地任职场景图）相送；山东刘鸿翱作《刘青天传》入《清史稿》传世，《重修新城县志》载：“刘大绅……两任新城县令，廉慈公正，爱民如子，民亦敬若父母。”

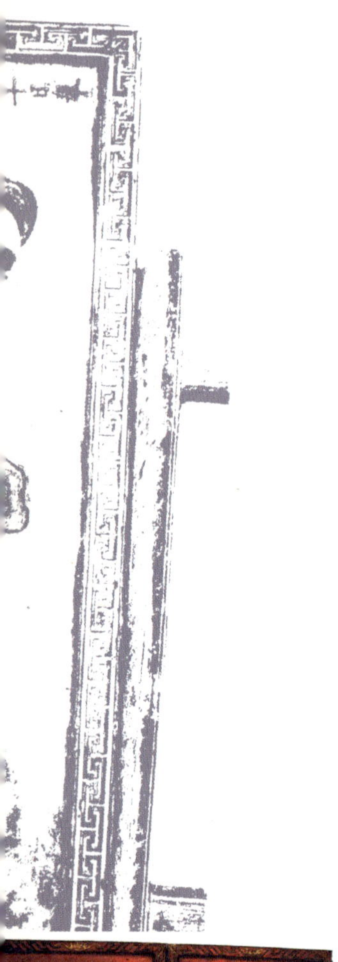

回云南后，因其学识德行，被云贵总督伯麟聘为五华书院山长，主持校政七年，“和光可挹，道貌可亲”。以德行学问为业教诸生，著名学生有“五华五子”。大绅诗文、书法均为上乘，《寄庵诗文钞》有杜工部之风，入“云南丛书”，老来归隐华宁，寿 82。

1

2

他为华宁写的备乐乡《轮流保正碑记》，揭露了当时农村基层管理的七种弊端及改进方法，是难得的社会学研究资料，关注底层民生之情，跃然纸上。

刘大绅坚持按自己的儒家信念做县官二十多年，出淤泥而不染，一生立德、立功、立言。像王元翰一样，当属帝制时代大写的华宁人！

到过建水朱家花园的人都见到过大门口四个雍容遒劲的大字“朱氏宗祠”，正是朱家宝的手笔。

朱家宝，字经田，晚号髯农，云南宁州南街人。自幼读书于龙山、宁阳书院，少年颖异。光绪五年（1879 年）19 岁中举，却六试礼部不第。光绪十八年（1892 年）壬辰科中二甲 41 名进士，选翰林院庶吉士，后由主事改授直隶（河北）平乡县知县。平乡地瘠，贫而多盗，朱家宝一上任，倡导兴修水利，建设农田，务在富民。庚子之乱起，治义和团民变有名。调新城，改南和，又调东明，知滦州。滦州民俗打官司多，每日会接到状子百多件，朱家宝即状审问，明断快判，不久，告状的就大为减少。任州县四年，年年政绩考核居第一，受到当时直隶总督兼北洋大臣李鸿章的多次表扬。袁世凯接任直隶总督后，更加器重其干才，推荐给朝廷任命为保定知府，出使日本考察。回来后授江苏按察使，署布政使。光绪三十二年（1906 年）吉林新建省，升任吉林巡抚，在京视事。次年，改任安徽巡抚。得到光绪皇帝诰封祖宗三代，在家乡宁州镇甸尾村建起壮观的朱家飨堂，立石人、石马、石碑坊和两块硕大的满汉双文的诰封碑，盛极一时。

清同治戊申年（1908 年），晚清革命党兴起，时局动荡，十月，朱家宝陪钦差大臣陆军部尚书荫昌、两江总督端方检阅太湖部队秋操，突然得知慈禧太后、光绪皇帝同日去世，朱家宝立即赶回安庆。当夜，果然城外兵营乱起攻东门，朱家宝立即指挥防守，天亮平定骚乱，局势稳定，安庆绅民画像称颂。第二年，安徽北部大水，第三年安徽南部又受灾。朱家宝募银 300 万两赈济。重修长江大堤广济圩，督查风雨躬亲，民工昼夜抢修，大堤得保无虞。1911 年 10 月，

朱家飨堂石雕

辛亥革命爆发，浙、苏独立，安徽咨议局响应，为地方治安和影响力计，革命党及士绅百姓围请朱家宝领衔，朱家宝拒绝说："家宝食清之禄，死清之事，城存与存，城亡与亡，诸君勿复多言。"后接到袁世凯密电，要他"宜顺应时势，静候变化，不可胶执书生成见，贻误大局！"朱家宝心领神会，同意所请，遂于 11 月 18 日宣告安徽独立，被推任为安徽都督。后驻安庆的江西黄焕章部兵乱迫饷，攻都督府，朱家宝只好缒城逃出去上海。壬子年（1912 年），孙中山和袁世凯南北和议成，清宣统皇帝宣布退位，两千多年封建帝制终结。中国政坛上，清廷、袁世凯、孙中山、立宪党人等多方势力达成一定的妥协和政治和解，使中华民国以较小的代价得以成立，中华民族得以避免更多的战争灾难。1912 年 3 月，袁世凯接替孙中山就任中华民国临时大总统，深得袁世凯信任的朱家宝，被召督全国军队后勤仓场，1913 年 1 月任国会参议院议员，年底任政治会议议员。1914 年任直隶民政长兼都督，5 月改巡抚使，加将军衔，称“直隶将军”。朱家宝科举出身，以忠君与爱国合一，受袁世凯赏识提拔，故一生追随袁世凯，政治上拥护君主立宪，认为比共和制更适合中国国情，旧制多因循，新政多纷扰，无中央威权，必天下动荡不已。故袁世凯逆历史潮流而动恢复帝制时，受封为“一等伯”，与曹锟等爵。1916 年 7 月被段祺瑞内阁任命为直隶省长兼督军，张勋复辟时授他民政尚书受牵连，逃亡日本。1918 年 10 月返回天津寓所，退隐不出。朱家宝做官至封疆大吏，虽然政见保守，但能以洁清自励，退隐后租房而居，颇寒素，性豪饮，但神情抑郁。和他一样寓居天津的原两江总督、兵部尚书周馥劝他说：“清帝逊位变民国是国体更改，还政于民。清皇室不愿再以一姓之私而使全国陷入动乱。你在民国从政，与历史上前朝灭亡，就投靠新朝做官的贰臣情况不是一回事。何况你是国家的栋梁，国家需要你的才干服务。但政局多变，树大招风，多受牵连指责，现在无官一身轻了，种种是非，后人自有评说，有什么可遗憾的呢？”朱家宝点头称是。1923 年农历九月初五，病逝天津，享年 64 岁。安徽籍“桐城派”名人，辛亥后清史馆总纂，“毁誉不妄加于人”的散文家马其昶为他作墓志铭。朱家宝书法大气磅礴，幸得米芾、黄庭坚神韵，属晚清书法名家。读书时幸得家乡父老亲朋资助，做官后，多以诗联书法酬报，不识者视为“秀才人情一张纸”，而今尽为藏界名品。

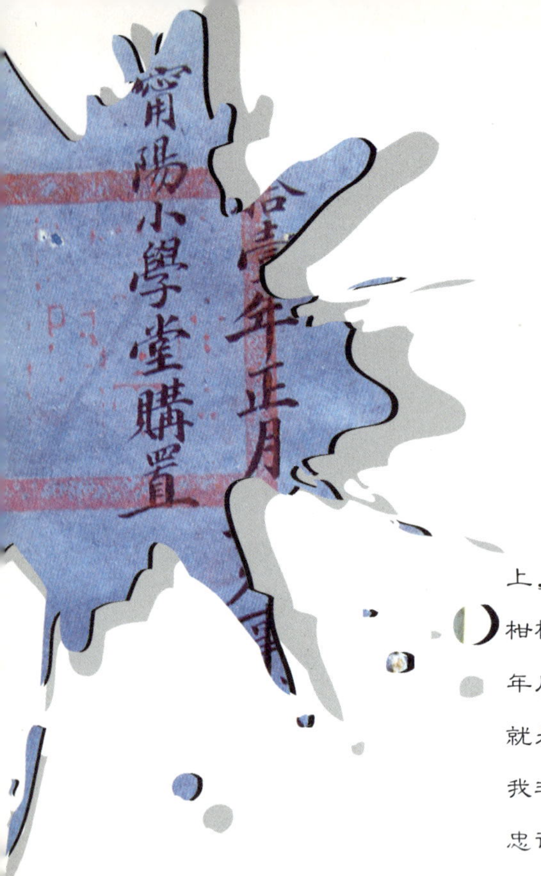

山高人为峰

万科集团老总王石说："人生最大的震撼在哀牢山上，是一个穿旧圆领衫，戴着草帽、墨镜，像老农、老柑橘专家一样讲土壤、农肥、品质，兴致勃勃地谈论6年后橙子挂果，10年后怎么发展的75岁的褚时健，他就是讲未来、讲光明，不知老之已至，单凭这一点，令我非常感佩、非常激励。"普朝柱和褚时健，以他们的忠诚、担当、坚韧和才干，以他们对国计民生的贡献，所体现出的"高原情怀、大山精神"，犹如时代双峰，矗立于云贵高原。

日月经天，江河行地，华宁进入了人民共和国时代。革命建设，峥嵘岁月，两位有影响力的华宁人脱颖而出："主政三秋，率滇十年"的省长、省委书记普朝柱，"首届全国十大企业家""亚洲烟王"褚时健。以他们的忠诚、担当、坚韧和才干，以他们对国计民生的贡献，所体现出的"高原情怀、大山精神"，犹如时代双峰，矗立于云贵高原。

普朝柱，"知根知底"的街坊邻里中一些老辈人，评价不太高，譬如说，他爹妈盖的老房子，任墙颓檩塌、瓦上长草也不维修一下，过上过下难瞧，影响甸尾城景观；譬如说，他回华宁过春节，只会整点豆汤米线、炸老粉、烧饵饨、"派头都莫得点"，一副"普大爹"样；譬如说，当大官那么多年，一个华宁人也不提拔一下；譬如说，一来只会转陶器厂、柑橘地，工业项目么这样也不能整、那样也不能整。想建个水泥厂说滇西有了，产能过剩、污染。要上个褐煤烧海绵铁项目也说“莫搞了”，影响象鼻温泉……

他们认得普朝柱是华宁人的儿子，可以求全责备。

他们不一定理解普朝柱也是云南人民的儿子，执政党的儿子。

普朝柱，1929 年 9 月生，宁州镇甸尾村人，爷爷普永龄，字锡九，华宁一代名中医。父亲普希贤，云南陆军讲武堂毕业，龙云部下，抗战时任云南防空司令部作战科长。普朝柱自小随父亲在昆明读武城南箐小学，14 岁时父亲英年病逝，就靠在华宁老家的母亲张卓英含辛茹苦供读五华长城中学初高中。指望他以后孙承祖业，悬壶济世，传宗接代，平安一生。学生时代的普朝柱，老师的评语是：“朴实厚重，少有志操，勤学善思，文体优长。”受西南联大进步思潮和地下党的影响，愤然投身“一二・一”悼念李公朴、闻一多及“四烈士”等学生运动，“四烈士”之一张华昌是他的同桌。随后入党。1948 年 7 月，作为学生会主席参与组织反蒋运动被捕，关押中，严刑不屈，两月后经母亲典当家产托父亲的袍泽同乡及组织营救获释。被地下党云南省工委派遣回华宁，以小学教师身份为掩护，开展艰苦卓绝的地下武装斗争。这一代人，目睹灾难深重、民不聊生的旧社会，毅然把建立一个民主、富强、人民当家做主的新中国的使命担在肩上。1950 年 1 月 25 日，华宁解放，20 岁刚出头的普朝柱首任华宁县人民政府县长。1951 年 9 月赴省委党校整党学习，系统学习了毛主席“两论”哲学思想，对党实事求是的思想路线、组织路线、群众路线、工作方法终生奉行不渝。先后任新平县县长、县委书记 9 年，和各族群众同甘共苦，克服和纠正“大跃进”极“左”灾难，有口皆碑。1962 年 1 月参加中央七千人大会，听了毛泽东主席做自我批评，刘少奇主席总结“三分天灾，七分人祸”。普朝柱很振奋，回到新平，

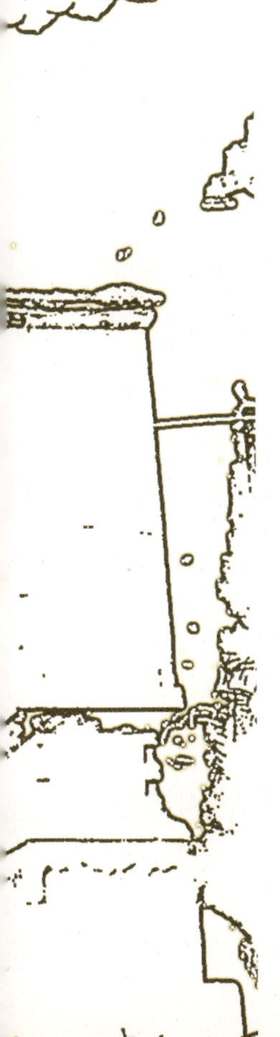

独立思考，深入调研，很有见地地写出了发展县域经济民生的调查报告，报批实施。谁知“文革”一起，就成了“走资本主义”的主要“罪行”。成为玉溪地区第一号“走资派”受尽批斗暴凌，后来发送到元江农场的“五七干校”劳动改造。元江河谷，每年有个把星期高温占全国头名，他白天干苦活、晚上接受批斗，正午四十多摄氏度的天气，别人尚可休息片刻时，造反派唯独要勒令他“高温作业”多砍一两吨甘蔗，他竟然挺过来了。

改革开放前的各种运动中，“残酷斗争，无情打击”成为常态，多少极“左”罪恶打着冠冕堂皇的“革命”旗号施行，斗人整人，自伤元气。稍后，普朝柱又被派到最贫穷边远的泾霞大队当“工作组长”，一蹲几年。在这里他和少数民族群众同吃、同住、同劳动，是各种农活的行家里手，带领群众“战天斗地”，春种秋收，发展生产，改善生活。“阿波老普”（普大爹）之名就是这样开始从新平、元江传到玉溪，传遍全省。后来任云南省长、省委书记时，他可能是全国所有省委书记、省长中绝无仅有的会使牛犁田耙地，开手扶拖拉机的庄稼能手。

再一次证明孟夫子之言不虚：“天将降大任于斯人也，必先苦其心志，劳其筋骨……”

后来……后来，全云南省的人都知道。

十一届三中全会后，普朝柱任玉溪专区专员、地委书记。在全省地州一级率先开展真理标准大讨论以解放思想，将“以阶级斗争为纲”转到“以经济建设为中心”的轨道。拨乱反正，为全区1.73万人平反冤假错案。推行家庭联产承包责任制，扩大企业自主权。大抓多种经营和商贸流通……这一切在当年是石破天惊，谈何容易！1982年3月至1985年7月任云南省长，大干农田水利、水库、基础设施、乡镇企业，云烟现代化改造，昆明煤气化工程，漫湾、澜沧江电站建设，成立了全国第一家地方航空公司——云南航空等。

普朝柱1985年7月至1995年10月任云南省委书记，成了新中国成立后本省人主政云南的第一人、“封疆大吏”。他轻车简从，走遍全省每一个县区，平易近人，与群众多共同语言，在云南解放思想上，识省情：边疆、山区、多民族；定地位：社会主义初级阶段低层次；抓重点：两烟、糖、茶、橡胶四大支柱产业；富民兴滇，确立十大方针任务，脱贫致富惠民生，奠定了云南烟草全国第一的地位，慎重宽厚地处理了突发、热点事件。高瞻远瞩抓“三基本”促党建。1995年，33 个经济指标中有 14 项进入全国前五名。全省财政收入由 1983 年的 17 亿元增加到 1995 年的 285 亿元，经济发展，社会进步，民族团结，边疆稳定，是此前最有作为的云南省委书记。率滇十年，《华宁县志・传记》载：“治滇多善政，改革建奇功。”十字评语，足以当之。

普朝柱和夫人张瑞华是同学、同乡、战友。地下革命最艰苦时，张瑞华把自己的婚饰变卖支持西北山游击队。新中国成立后张瑞华一直陪伴普朝柱度过十年“文革”中最黑暗的日子，50 年风雨同舟，本职工作以身作则，低调谦和。张瑞华参加革命工作 40 年，仍以一名普通干部身份离休，至今健康、长寿，颐养天年。

普朝柱走上高位，来自较高的政治觉悟和思想理论水平，有深厚的群众基础和出色的政绩。在重大问题上，与中央保持高度一致，识大体，谋全局。用人上五湖四海，谦谨持重。曾先后陪同胡耀邦、江泽民、胡锦涛三任总书记视察云南，作为中共代表团成员访问朝鲜，受到金日成接见。1996—1998 年，受中央指派委托为组长，对北京、上海等 11 个省（部）委领导班子及党的十五大中央委员预备人选 311 人进行了考察。

普朝柱是中共十二、十三、十四届中央委员，全国人大第八、九届常委。著有 35 万字的回忆录《我的成长与云南变革》。

2002 年 6 月 14 日，普朝柱在北京去世，享年 73 岁，归葬于家乡万松山。

他的一生，就是一座大山，矗立在云岭高原。

“山高人为峰。”

这个山，原来是红塔山，现在是哀牢山。

这个人，则是国人有口皆碑的“褚老爷子”——褚时健。

其实，他在哪儿，都是一座常人难以企及的高峰。

1905 年法国人修的昆河米轨铁路，沿南盘江蜿蜒溯流而上，到糯租与禄丰站之间江流由东猛折向南，形成一个多于 90° 的弯角。江狭滩险，两岸壁立。洪水来时大有“乱石穿云，惊涛拍岸”的气势。2002 年，美国漂流队在这一段首次漂流，还出了事故。弯角上，一个依山面水的老村子，叫以则，对岸是宜良竹山，是华宁青龙镇最边远也最质朴的村寨之一。1928 年 1 月，褚时健出生在这里，高山激流，摸爬滚打，就如他成长的摇篮。长大，读书，参加地下党，新中国成立后当华宁区长、书记。2011 年春节，两个 80 多岁的老汉坐在树下抽烟唠嗑，面对滔滔江水，回忆儿时胆大妄为，凫水中流，捉鱼摸虾的往事，感叹：一辈的人中，只剩下水性最好的咱俩了！这是褚时健和他从小就在一起烤酒的农民朋友朱老倌。伙食是一生最爱的热鸡汤烫卷粉、米线。去年一个同事刚从哀牢山拜谒老人家住了几天下来，问他的感受，“哎哟，了不得，了不得，我一个 50 来岁伙子，跟着 85 岁的老人家上山下地，还气喘八火，跟不上趟呀。”想到 20 世纪 90 年代初，一位同校老师说

起一件逸事。一天中午，几个朋友开车去元江，肚子饿了，找着个坡脚路边小店去吃饭，一看灶台碗桌不卫生，吃不下去，犹犹豫豫正准备走。一辆奔驰600驶来，车上跳下两个男人，褚时健和他的司机，进店二话不说，各要一碗米线，三下五除二地吃完，上车，走人。这位老师和他的朋友面面相觑，自嘲说："几个穷教书匠，还挑三拣四，人家褚老板都吃得的，我们还吃不得？吃吃吃！"

褚时健干企业出过三种产品：红糖、卷烟、冰糖橙。后两者国人多耳熟能详，前者则知之不多了。"文革"中，接手新平县糖厂时，年亏损二三十万元。当时，鸡蛋卖八分钱一个，猪肉卖五角八一市斤，二三十万元，属巨额亏损！一年多后，糖厂扭亏为赢，职工伙食全县最好，靠的是革新改进。"自己动手，丰衣足食。"办各种养殖业。在"文革"时的云南省企业中绝无仅有，初步奠定了他的做事风格：肯动脑子，实干苦干，关心职工利益，讲究工作方法，讲求工作效率，不拘泥常规俗套。那时物资匮乏，全国人民早晚伙食都是头等大事。看看褚时健的简历：

1955年，27岁，玉溪行署人事科长。

1959年，31岁，划成右派，带妻子下放元江农场劳动。

1969年，41岁，新平县糖厂厂长。

1979年，51岁，接任玉溪卷烟厂厂长。一个县办的濒临倒闭的厂，是20世纪三四十年代的设备水平，约一千万元的固定资产。他的奋斗故事从此开始。

中国最好的烟在云南，云南最好的烟在滇中、在玉溪。一套企业管理的系统工程思维在褚时健脑海成型：管理、激励机制、技术、人才、第一车间，烟田烟农、基础设施，品种质量和管理，他走遍玉溪地区各县烟田烟地的村寨，云贵高原过多的紫外线，把他变成一个青铜雕像一般的高原汉子。到20世纪80年代中期，每年上缴利税5个亿。所有烟区烟

农，得这棵烟的力，解决家庭收入，解决讨亲嫁女、起房盖屋，解决道路、水利及饮水等脱贫问题，全区百万烟农有口皆碑，褚老板功德无量。1988 年，他带领他的团队抓住国家卷烟价格放开市场调节的机遇趁势而上。经济效益跃居全国轻工行业之首，全国十大税利大户中，位列第五。他被评为全国劳模，五一劳动奖章获得者。13 个全国名烟品牌，云南占 9 个，来自玉溪卷烟厂的 4 个，随着扩建、技改，“红塔山”“玉溪”大名鼎鼎。到 20 世纪 90 年代中期，玉溪卷烟厂年创利税达 200 亿元以上，占到云南财政收入的 60%，相当于 400 多个农业县的财政收入总和。稳坐中国烟草业第一把交椅，跃升为世界第五大烟草企业，被称为“亚洲烟王”。1997 年，单“红塔山”的无形资产就为 353 亿元，在中国所有品牌中位居榜首。一位中央领导在视察该企业时感叹说：“这不是卷烟厂，这简直就是印钞厂！”

有人替他算了两笔账：褚时健和他的团队，即玉溪卷烟厂 18 年共为国家创利税 991 亿元。20 世纪 80 年代初，褚时健的工资为 92 元，奖金全厂最高——6 元，加上其他月收入总共 110 元。20 世纪 90 年代初，工资增到 480 元，加上奖金和其他，总共达到每月 1000 元左右。1995 年前后，年薪加上云南省对他的奖励为 30 万元，当了 18 年厂长，收入总共为 88 万元，相当于红塔集团每给国家创造 14 万元利税，褚时健可拿到 1 元钱的回报。新旧经济体制转换中的利益失衡，引发了众多国企经营者的一念之差。

他在红塔集团时的三个徒弟，已是红河烟厂、曲靖烟厂、云南中烟公司的掌门人，后继事业，个个做得风生水起。

1996 年，已超期服役的 68 岁的企业风云人物一下从波峰跌落波谷。成了当年最富争议的全国财经人物，最后一位倒下的全国首届十大企业家，多少人扼腕叹息。各种人生最惨的事接踵而至，对绝大多数人来说，是属于灭顶之灾。

但他以惊人的毅力扛过来了。

10 年后，谈起往事，他淡然一句话带过：“改革，总是要付出代价的。”30 年改革开放，制度如太平洋、印度洋两大地质板块，在冲撞、挤压、磨合中引发地震。有个人的原因，有体制机制的原因，但机制体制的问题总是要由人来埋单的。“摸着石头过河”必然会有跌倒的时候。

社会在进步，终于开辟了国有企业家的年薪之路，前人栽树，后人乘凉。

由于风烛残年，患严重糖尿病几次晕倒，得以保外就医，调理了几个月。褚时健申请到新平县哀牢山，老两口承包了 2400 亩荒山种起了冰糖橙，这一年他 74 岁。

一些后起之秀的企业家不时从千里之外的各地跑来看他。据说，他的一个存有点钱的医疗账户上，没过多久就增加到几百万元，也不知是谁存进去的。

万科集团老总王石说：“人生最大的震撼在哀牢山上，是一个穿旧圆领衫，戴着草帽、墨镜，像老农、老柑橘专家一样讲土壤、农肥、品质，兴致勃勃地谈论 6 年后橙子挂果，10 年后怎么发展的 75 岁的褚时健，他就是讲未来、讲光明，不知老之已至，单凭这一点，就令我非常感佩、非常激励。”

每 7000 棵承包给一家农户，全部用烟梗等研制的有机肥，每棵树只保留 240~260 果花果。每个果实享有最好的养分和充沛的阳光。按技术规范指导管理，使橘农收入在 3~4 万元。6 年后，挂果上市，名称是“云冠”“高原王子”，他的金泰公司经过 10 年土壤、水、农家肥与果品质量的相关性研究，2012 年，他的冰糖橙通过电商卖到全国各大城市，北京卖 10 斤 138 元，第一天就卖出 1500 箱。品质、果形上乘，声名鹊起，民间统称为“褚橙”“励志橙”，8 块钱一公斤供不应求，买送给干事创业中的亲朋好友和员工，礼轻意重，效益惊人。这一年，他已 84 岁。

2013 年，褚时健又把基地扩展到了滇西，7000 余亩，他

正稳扎稳打地推进万亩橘园规划，然后打造最好的饮料品牌，壮心不已。

他跌倒了，又爬起来，他又是亿万身家的人了。

他以前创造的是传奇，现在创造的是神话！

他又成了无数企业家、创业者激励的源泉、奋斗的灯塔。

柳传志也学着他老人家卖起了“柳桃”。柳传志说：“褚先生做成这个，最让人感动、最让人敬佩不已的不仅是86岁，主要是在遭受人生最沉重打击的情况下，还依然向着自己的目标冲击，还是要干活，还是要做出事情来证明自己。”

生产手机的波导集团董事长徐立华，早几年就这样表达了他的敬意：“真正的企业家是褚时健，那是中国天字号企业家。中国有哪一个企业家超过褚时健的？没有！我认为中国的企业家最厉害的是褚时健。红塔山原来有句广告语，叫‘山高人为峰’，确实是这样。现在我们谁能望其项背？没有！”

2014年3月20日，褚时健应柳传志、王石预约接受远程电视采访。谈他做企业50年的经验，他说：“市场总是要靠质量，企业家单靠关系整不成，你要懂生产的低成本、高质量，懂市场。维持好企业的利润，（员工）大家要过得舒服，员工快乐，老总快乐，企业就会蒸蒸日上。”“人生没有失败。”这一年他已是87岁。

2014年5月，又启动了在丽江、永胜3万亩橙园的计划，通过发展产业来惠农利农，雄心勃勃。

中国这块土地上，最缺少的是这种企业家和企业家精神，我们几千年的农民意识，崇尚均贫富、分蛋糕，但问题是蛋糕从哪里来？更重要的还是怎样做大蛋糕！

感觉他一生践行了最古老也最中国精神的一句话：“天行健，君子以自强不息。”风骨苍劲，正气充盈。

他不是完人，但他给了世人一个关于人生成功的标志：“不是看他登到顶峰的高度，而是看到跌到谷底的反弹力。”（巴顿将军语）

不管百年后的人们对烟草业提出多少非议，譬如健康，譬如生态。

但历史上是云南各族人民赖以生存之道，可与时俱进，毋庸求全责备。

也许褚时健的再次创业预示着一种经济价值取向的转型：生态、环保、健康、绿色、产权明晰。40 年前，他目睹万宝路、555 等外烟畅通无阻，发誓要与洋品牌一决高下，生产中国最好的烟，他做到了。今天他参照美国新奇士品种，竞争目标指向加工饮料产品的国际品牌都乐，他仍能成功吗？

也许褚老爷子更喜欢这种生活方式：人在哀牢，可居高望远，看橘树花开果黄，望天外云卷云舒。春来夏往，秋收冬藏，君子道法自然。“后皇嘉树，橘徕服兮。受命不迁，生南国兮。深固难徙，更壹志兮。绿叶素荣，纷其可喜兮。”“苏世独立，横而不流兮，秉德无私，参天地兮！”屈原的《橘颂》，2500 年后在这里找到了知音，找到了载体。

穷且愈坚，不坠青云之志；老当益壮，宁移白首之心！

衷心祝愿褚老人橙俱健，参透天地造化，心想事成。

全国许多老老少少的崇拜者、猎奇者纷至沓来，他毕竟高龄，有些吃不消了。我们让这位老企业家静静地做他的事吧，不要打扰他，就是最大的敬重。实在想看看，就上哀牢山瞧瞧他的橘园，品品他的橙子。远远看看他的身影就足够了！

真正的杰出之士，他已不仅属于他的故乡，不属于某城某地、某党某派，他属于全省全国，甚至全人类。

人，总是要有一点精神的。刚毅坚卓，自强不息，兼济天下，不虚此生，以大写的人立于天地之间。

也得感恩这个改革开放的大环境、大时代，再一次成就了他。

“数风流人物，还看今朝。”愿更多的华宁后人，以应有的温情和敬意了解历史上生于斯长于斯、顶天立地的志士先贤，汲取人生的正能量，在面向现代化、面向世界、面向未来，实现中华民族伟大复兴的中国梦中，更加有抱负、有担当，勇毅和自强，后来居上。

镶嵌在宁州大地上的历史珍珠

华宁经过两千多年的发展历史，形成了独特的汉族和本土少数民族结合的地方文化，曾经产生过灿烂的历史文化和人文精神，为后代留下了丰富的物质遗产和精神财富。面朝大海，春暖花开，沧海拾贝，岁月七彩。镶嵌在华宁大地的这些历史珍珠，值得我们拾起，细细品味。

华宁，元、明、清时期称宁州，隶属临安府，府治在今红河州建水县，属临安府八属之一。辛亥革命后由州改县，称宁县，未几又改称黎县。至1932年因黎县之黎字有黑暗的意思，词义又欠雅训，经云南省政府报呈国民政府内政部批复，始有华宁县之名，沿用至今。民元后属迤南道，后为省直管，新中国成立前属第三行政督察区，新中国成立后划归滇中行政专员公署，行政隶属关系始归今天的玉溪市管辖。

华宁历史悠久，自有资料记录以来，已经有2100余年的历史。受政权变更的影响，历史上曾经历过数次人口迁移，这种变迁和汉族中央政权的兴衰与西南少数民族政权的更替紧密关联。政权更替、人口变迁对华宁的社会形态、政治经济、文化教育有着深刻的影响。

从古滇国开始，到爨氏统治时期，华宁的经济社会比西南夷其他各部相对较为发达。南诏时先民西迁后，到元朝设治以前，华宁的发展具有西南少数民族的特点，发展相对落后，这一时期没有给我们留下多少物质遗产。

自元以后，特别是从明朝洪武年间起，通过军屯、民屯大量移民，汉族迁入华宁，带来了江南、中原的先进文化、农耕技术和手工业，才获得了长足的发展。一时间，文风炽盛，士子辈出，风气大开。俨然滇云名邦、边徼邹鲁，成为云南文化最发达的地区之一，开创了华宁发展历史的一个全新局面。

1910年，滇越铁路通车后，华宁独特的交通地理位置更被凸显出来，呈现出了古代驿道与现代铁路交错纵横，传统农耕文明与现代工业文明交相辉映的特点。给华宁带来了全新的西方文明，也带来了新的发展契机。华宁获得了前所未有的发展。

华宁经过两千多年的发展历史，形成了独特的汉族和本土少数民族结合的地方文化，曾经产生过灿烂的历史文化和人文精神，为后代留下了丰富的物质遗产和精神财富。

千年滇粤古道

一条路，承载着一个地方的文明进步；一条路，承载着一个地方的民族交融和文化变迁。道路，见证了华宁的历史，创造了华宁的历史；道路，连接着华宁的过去与现在，向未来延伸……

一条路，承载着一个地方的文明进步；一条路，承载着一个地方的民族交融和文化变迁。道路，见证了华宁的历史，创造了华宁的历史；道路，连接着华宁的明天，向远方伸展。

南向越南而壤东盟，东出红河文山而达两广。古代有一条云南进入两广的道路，因其交通位置十分重要，被称为“滇粤古道”，而华宁又在滇粤古道的重要位置之上，故又有“两粤要冲”之称。

滇粤古道是从昆明或滇西，经过华宁、弥勒、文山的剥隘关到达两广的通道，在大理国政权以前，是西南夷和南越交通的重要通道，南诏大理国时期，是大理国与宋朝在静江府互市的重要通道，2000 年间曾经发挥过十分重要的作用。因交通位置重要，在汉武帝开发西南夷后，公元前 111 年，

❶ 华宁至昆明古驿道

❷ 右所古驿道

在今华宁县盘溪镇设置毋单县，隶属牂牁郡，是云南最早设置县治的地方。历经两汉、三国，到两晋南北朝时期，北方少数民族政权强大，东晋及南朝对云南的统治能力下降，于是南中大姓控制西南夷地区政权，华宁为南中大姓爨氏所统治。南诏政权建立后，阁罗凤“东爨西迁”，华宁为东部黑彝所居。北宋年间，南诏通海节度使段思平率东部三十七部黑夷平定杨干贞叛乱，建立大理国政权，因平定大义宁政权有功，封步雄七部之么些蛮居华宁，称宁部。元朝实施土司政权后，华宁一直为宁部土司世袭，明清两朝为土流合治，流官时有兴废。至清初，因禄氏土司世绝停袭，才实行完全意义上的流官制度。

元朝统一全国后，大理国政权以及西北、北方的少数民族政权相继归并为全国版图，实现了全国政权统一、交通通畅。随着中央对地方州县政权的巩固完善，进入西南夷、南夷的通道四通八达，滇粤古道的交通位置也逐渐下降。

元朝建立后，云南的政权中心由西向东转移，从大理迁入昆明，在此前后，华宁县的行政中心也由今江川县旧州迁至今华宁县城附近。随着云南行省的设立和地方路、府、州、县的相继建立，新的驿道交通网络也随之建立。此时华宁的驿道交通，仍以古道为主线，除新增两条线路外，大体与以前相同。明清时期华宁出境的固定道路有省道、江川河西道、两广道、阿迷道。元、明、清时期在华宁境内新辟的三条驿道：临安道、通海道和澄江道。

华宁的古代驿道交通，除省际主干道滇越古道之外，主要通道就是上述几条。在古代西南夷少数民族政权统治时期，古代的驿站设施并不完善，至元、明、清时期才成熟完备。中国古代的邮驿交通由来已久，夏、商、周时就较为发达，秦始皇开驰道、直道后，对我国的交通发展产生了深远的影响。特别是元朝的驿传制度几乎达到了成熟完备的程度。不同历史时期驿道设施也有变化，古代时是 5 千米一亭，10 千米一邮，30 千米一驿。元、明、清时期是 15 千米一铺，30 千米一驿。西南高原地区和平原地区铺驿的里数又

冲麦古村道

冲麦古村落城墙

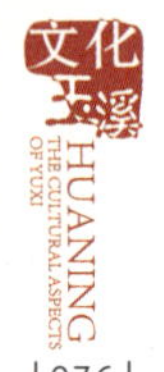

有所不同。古代驿道最初是政府和军队专用的交通设施，主要是传递军事情报、运送军需物资、传送公廨文件的通道，后来逐步转变为军政民商共用。驿站备有驿卒驿长、食宿车马专供使用。因此在不同的历史时期驿道有亭、邮、塘、铺等不同的设置和称呼。

据华宁志书记载，明清时期华宁县境内的驿站设有两驿五铺。两驿是雄关驿和通红甸驿。五铺：州前铺，在华宁县城西门外；梅子铺，在今江川县雄关镇；螺丝铺，在今江川县路居镇；义广哨铺，在今通海县杨广镇；石岩哨铺，在今江川县大街镇。每铺设驿司 16 人。境内的铺驿与澄江、江川、通海、河西、弥勒、建水的铺驿相连，与各主要驿道相汇，形成了华宁的古代驿道交通网络。

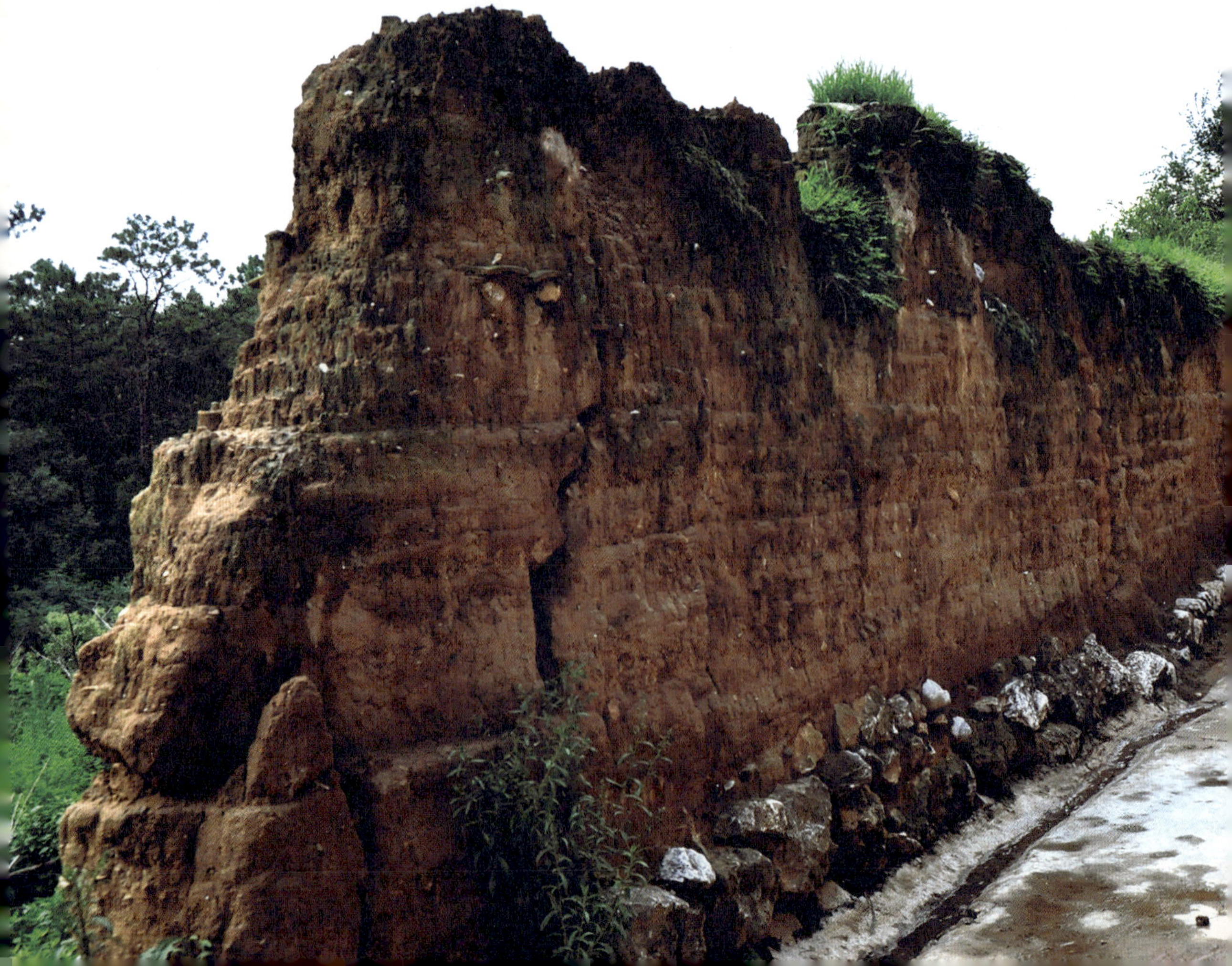

西南门户从这里打开

一条铁路一段情结，百年铁路更有百年情结。那终日不停的火车鸣笛声已经远去，然而数代人对历史情结的魂牵梦萦，却挥之不去。无论是赶火车上昆明，还是下安南，抑或法国人每逢过年三天的免费乘坐记忆，搭乘“零担车”的小商贩急促的身影，数代留居铁路沿线越南人的身影，还有那些与铁路有关的谚语俗言和百年糅合后的独特文化，都深深地烙印在历史的记忆之中。

云南十八怪，火车通国外不通省外，说的就是滇越铁路。1910年，滇越铁路通车，开创了华宁县交通、经济、社会、文化的全新发展时期。古道、驿道与现代铁路交会，华宁成为云南乃至西南交通最发达的地区之一，成了连接滇中、滇南的交通枢纽和中心。

滇越铁路是云南省的第一条铁路，也是云南、贵州、四川三省修筑最早的一条铁路，是全球至今尚在运营的唯一一条米轨铁路。滇越铁路的通车，虽然为法国人掠夺云南资源提供了便利，但另一方面，一百多年来对云南甚至西南的国防、军政、经济、交通产生了重要的作用，同时也推动了铁路沿线地方经济社会的发展。

清咸丰十年（1860年）年底英法两国在第二次鸦片战争后，逼迫清政府先后签订了《天津条约》和《北京条约》，

取得了瓜分中国的特权，法国占领了中国的属国越南，英国占领了缅甸，进窥中国大西南。从同治元年（1862 年）开始，法国人堵布益即从越南数次经红河进入云南，勘探云南的山川地形、矿产资源。1866 年法国人安邺、特拉格从越南再次进入云南“考察”，实际是收集侵略云南的情报。1896 年法国六大城市商会组成的“清国调查会”又多次派人到云南调查，先后勘察了滇南、滇东北、滇西等重要矿区，由此得出结论：云南的矿产资源极富饶。即有开通越南老街至云南府（昆明）的铁路，开发云南矿山之意。由此，法国修建滇越铁路，掠夺云南矿产的野心昭然若揭。当然，这只是法国人的表面说辞，还有更深的目的，就是通过铁路交通之便利，与英国一争高下，独霸云南，与广西、越南连成一片，控制出海口，控扼中国与东南亚，扩张其更大范围的殖民野心。

1894 年甲午中日战争中国战败，法国借还辽有功，于 1895 年 6 月再次强迫清政府签订《续议商务专条附章》，其中第五条：“至越南之铁路或已成者或日后拟添者，彼此议定，可由两国酌商妥订办法，接至中国界内。”这样，法国人为修筑滇越铁路确立了法理上的依据，于1897年照会中国政府“自东京至云南府的铁路由法国筑造”，中国政府照会法国政府，同意自百色河或者红河上游修造铁路，以达云南省城，但“应由中国渐次勘察办理”。1898年三四月间，法国援引俄国在大连、德国在山东获得的特权，以唯法国没有得到好处为由，以“议院不平，请派舰重开”相威胁，于4月9日再次照会中国政府，要求越南邻省不割让他国、修筑滇越铁路、广州湾租借煤栈等事照会，要求允许法国“自越南边界至云南省城修筑铁路一道，中国国家所为应备者，唯有该路所经之地与路旁应用地段而已”，也就是说中国政府剩下的权利只是为法国修筑铁路无偿征地了，并且要求中国政府“不准动一字，限明日复”。中国在抗争无果的情况下，被迫于4月10日同意法国修筑滇越铁路的照会，自此法国完全取得了滇越铁路修筑权。

法国在攫取滇越铁路修筑权后，着手进行勘测准备。由东方汇理银行、巴黎伊士公特银行等承办，于1901年9月在

滇越铁路禄丰大花桥

巴黎成立滇越铁路公司，随后与中国政府签订了《中法滇越铁路章程》，进入施工修筑。滇越铁路分越南段和云南段，从海防经老街到河口，1901年开工，1903年建成，长389千米，为越南段；从河口起点，经南溪河、碧色寨，沿南盘江而上，过盘溪、宜良到达昆明，1904年动工，1910年4月1日建成通车，长465千米，为云南段。滇越铁路全长854千米。

云南段在“奇绝艰险”的地段修建，所过之处多崇山峻岭深谷，工程难度极大，滇越铁路公司统计死亡人数是12000人。根据当时查访的中国官员调查情况，法国人的非人虐待及瘴、病、饿等原因，中国筑路工人死者达六七万人，真是“十死其九、生者逃亡”。以至各省督抚州县为民请命，拒招路工。由此可见，滇越铁路可谓是一条“血路”。

滇越铁路通车后年客运量约29万人次，货运量约11万吨。1903年《中法滇越铁路章程》规定，滇越铁路法国使用期限80年，

至1983年归还中国。1940年6月后因日军飞机轰炸停运，仅云南段运营。1943年8月，第二次世界大战中法国战败，中法断交，中国政府宣布接管滇越铁路云南段，由中国运营。于1946年2月28日，根据《中法关于中越关系之决定》第四部分之规定，两国宣布废止1903年10月29日签订《中法滇越铁路章程》，滇越铁路云南段正式归还中国。

滇越铁路为什么经过盘溪？中国近代史上，著名的马嘉理事件、护路运动、保护七府矿权、片马抗英、中法战争、越南之战等，是云南人民英勇抗击外来入侵、闻名全国的事件。其中保护滇越铁路路权的斗争，从法国人霸占滇越铁路筑路权开始，到中国收回滇越铁路才停止。滇越铁路云南段最初选线勘测线路是从河口起点，沿红河而上，经新街、蒙自、建水、通海、玉溪、晋宁到昆明，沿线皆为滇南滇中人口稠密、矿产密集、经济富庶之地。为了阻止法国人进一步

盘溪火车站

掠夺资源、侵占良田，从一开始即受到地方政府及滇南绅商士庶各界的激烈抗争，包括临安首富朱朝瑛在内，官绅士商摇旗请命，沿线百姓则拔除洋人路桩、毁坏路基。1903 年 3 月爆发了个旧矿工建水人周云祥的起义，在“拒洋修铁、阻洋占厂”的口号下，聚众万余人，烧洋馆，杀洋人，破坏路基，并攻占了个旧、临安首府建水、石屏、宁州、通海等地，有直逼省垣之势。法国人在各方面的压力下，害怕群众暴力抵抗继续扩大，被迫考虑改线。

在云南各界护路运动风潮的抗争下，法国人于 1903 年底通过召开“马关会议”（文山州马关县），决定放弃西线改建东线，起点河口，沿南溪河而上，经碧色寨、开远、盘溪、宜良到昆明，

崇山峻岭中的滇越铁路

❶ 盘溪火车站法式建筑

❷ 糯租火车站

从偏僻之地而过，即今天的滇越铁路云南段路线。这就是滇越铁路经过盘溪的原因。由于修建铁路侵占良田过多，东线的勘测和修建也受到沿线群众的抵抗，故从宜良狗街以上到宜良县城、汤池铁路线都是修建在江左边，因为江左大多是沿江荒坡，右边则大多为良田。

1910年滇越铁路通车后，盘溪站是滇越铁路二等站，滇越铁路经过华宁县的地段，上起禄丰村车站，下讫石门车站，其间共有6个车站，长约50千米。

盘溪自古就商旅众多，具有得天独厚的亚热带河谷气候，是物产丰富的富庶之地，交通地理位置十分重要。滇越铁路通车后，以盘溪火车站为中心，是控扼滇中通海、江川、澄江与滇东南弥勒、泸西、文山直通广西的"咽喉要道"。在军政、经济、交通运输方面，盘溪的交通地理位置更显得突出，盘溪也因此获得了前所未有的发展。

在军政方面，从宣统年间的铁路巡防营，历次的滇桂之战，平定匪乱，盘溪即作为西南军阀、云南军阀相争角逐运兵屯兵的重要通道和地点。1940年9月，日本为了阻止中国抗日大后方云南的物资供应，遂占领越南，截断了滇越铁路。后第一集团军60军驻防蒙自、河口、金平、马关一线，由滇军第一旅改编的卢俊泉部暂编18师一个特务营4个特种兵营就驻防盘溪。一直到新中国成立后都驻有重兵。1948年2月，为配合以朱家璧为司令员的云南人民讨蒋自救军在弥勒县西山、路南圭山、泸西开展的游击战争，受中共云南省工委派遣，在盘溪建立了地下交通站，同时建立了党的组织，负责传送文件，护送人员和伤员，之后又组建了华宁县西北山游击区。并于1950年1月12日成立了盘溪区人民政府，是华宁县成立较早的解放政权。

在经济、交通运输方面，滇越铁路通车后，盘溪一度成为玉溪的华宁、通海、江川、澄江，红河州的弥勒、开远、

滇越铁路上的巡道工

泸西的交通枢纽和物资的集散地。省外、国外进出的大宗货物，邮件、书报、电报等，都在盘溪集散。当时，盘溪成立了邮政局，而华宁、弥勒、通海等县城只设代办点。通车后，以车站为中心，迅速发展成为一条繁荣的洋街（新中国成立后改名为羊街），洋行、货仓、商号、酒肆、茶楼应有尽有。洋街当时具有一定规模的商号、货仓、马店四十多家，每天往来运输货物的马帮四五百匹之多，足见当时盘溪交通运输之繁荣。1938 年，昆明经商的粤人李弼三兄弟在盘溪投资兴建恒通糖厂，于 1939 年建成投产，机械制造，日榨量 500 吨，既开了华宁现代工业的先河，也是当时西南三省第一家机制糖厂。当时云南省内市场销售的白糖，质量好的都是从香港进口国外或两广的货，云南只有小土榨，生产不出质量好的白糖。此后，盘溪糖厂一直作为云南各糖厂培养制糖技术人才的摇篮，到 20 世纪 90 年代，四川省的糖厂还派人来学习制糖技术。同时，盘溪糖厂的建立，为缓解抗日大后方紧缺的物资供应做出了贡献。

滇越铁路的通车，利用铁路运输之便，盘溪的甘蔗制糖业、冬早蔬菜业、矿冶业、商业得到了极大的发展。“盘溪白糖”成为国内糖市的名牌产品，特别是冬早蔬菜、洋葱，通过滇越铁路运销华南、华北、东北乃至俄罗斯，使盘溪闻名遐迩。盘溪一度成为华宁县的“经济中心”。以下一组数据足以说明这个问题，据新中国成立后华宁县工商业联合会成立时的统计数字，当时华宁县工商业联合会共有会员1600人，盘溪就有1100余人，华宁县城只有300余人。

从20世纪50年代开始，随着成昆铁路、贵昆铁路相继建成通车，1957年后地方公路逐步修通，滇越铁路的重要交通运输位置逐步下降。特别是20世纪90年代末期以后，云南高速公路网络的发展，使滇越铁路的位置发生了根本的改变。任何事物总是在历史中兴盛，也在历史中衰微。一方面，滇越铁路的建成的确为法国人掠夺云南的资源财富产生过无法计算的损失；另一方面，也对沿线地方的经济社会文化发展起到了极大的促进作用。滇越铁路通车后给偏远的云南及铁路沿线带来了很多与“洋”有关的物质和文化方面的东西，其中也有优秀的部分，使沿线滇中、滇南的经济得到较好的发展，这是不争的事实。

一条铁路一段情结，百年铁路更有百年情结。那终日不停的火车鸣笛声已经远去，然而数代人对历史情结的魂牵梦萦，却挥之不去。无论是赶火车上昆明，还是下安南，抑或法国人每逢过年三天的免费乘坐记忆，搭乘“零担车”的小商贩急促的身影，数代留居铁路沿线越南人的身影，还有那些与铁路有关的谚语俗言和百年糅合后的独特文化，都深深地烙印在历史的记忆之中。

2003年4月，滇越铁路逐步停止客运，由此结束了它光辉的历史。滇越铁路仍然是今天中国大西南通往国外的唯一一条国际铁路，仍旧可以发挥出重要的作用。滇越铁路的存废去留无论从历史文物、旅游线路、国防备用线路或辅线等方面看，仍然具有存在的重大价值。

几座桥跨越了历史长河

有路就有桥，悠悠千年古道之上，华宁的先民们修建了许多古桥。华宁地形山高壑深、河谷纵横，桥的建造形式多样、种类繁多，堪称全省之最。有全省跨度最大的单孔石拱桥，有多孔石拱桥，有利用天然地形建造的天生桥，有跨度高度均超过二十余丈、能车马通行的铁索桥，更有展现工业革命成果的滇越铁路钢架大桥。古来修桥补路，既能利济天下交通，也是积德行善的善举。故古道上每一座桥都有一个动人的故事，每一座桥都留下了一个美丽的传说。

有路就有桥，悠悠千年古道之上，华宁的先民们修建了许多古桥，有石桥，有木桥，有拱桥，有花桥，还有铁索桥；有通衢大道上的黄澄桥、浣江桥，有宛若天成的天生桥。古来修桥补路，既能利济天下交通，也是积德行善的善举。故古道上每一座桥都有一个动人的故事，每一座桥都有一个美丽的传说。

华宁地形山高壑深、河谷纵横，桥的建造也是形式多样、种类繁多，堪称全省之最。有全省跨度最大的单孔石拱桥，有多孔石拱桥，有利用天然地形建造的天生桥，有跨度高度均超过二十余丈、能车马通行的铁索桥，更有展现工业革命成果的滇越铁路钢架大桥。

华宁县境内的古桥有很多，其中较有名的有黄澄桥，亦称黄家桥，在今县城以北冲麦村附近。建于明朝中后期，为王元翰外祖父黄澄出资修建，故名黄澄桥。浣江桥，在今华宁县城西北边的浣江之上，为单孔石拱桥，建于明朝万历年间，传说为刘大绅出资修建，今尚存。得渡桥，即今盘溪镇小江桥，建于清乾隆七年（1742 年），为三孔石拱桥，规模较大，由盘溪绅民捐资修建。天生桥，在县城以东钵盂冲，即今天生桥电站附近，建造时间不详，建造时利用河谷两岸巨石为桥基，上面履以巨石板为桥面，犹如天然生成，犹如“陶铸之无痕”，故名天生桥。糯租铁路大桥，为钢架铁路大桥，华宁本地人称之为“花桥”，于 19 世纪初法国人修筑滇越铁路时修建，是云南省修建最早的钢架桥，长三十余米，高二十余米。建造在水流湍急、地势险峻的糯租大峡谷南盘江上，是滇越铁路最有名的铁路桥之一。

华宁县的古桥，在省内最有名的是盘溪的铁索桥和宁州的金锁桥。

浣江桥

宁津桥 盘溪铁索桥，又名宁津桥。为什么称作宁津桥，有人认为是取宁州之“宁”字和盘溪古渡要津之“津”字，合而名之宁津桥。据铁索桥建成时云贵总督张允随所撰《宁津铁索大桥碑记》言：“因取往来恬适之义，名其桥曰宁津。”可见是指商旅行客津渡往来平安的意思。而铁索桥之称，是桥身以铁索牵引，以巨木支撑，上面履以木板而成，故名铁索桥。

盘溪，雄镇在滇粤古道之上，古来交通位置十分重要，有“两粤要冲”之称。在铁索桥修建以前，南盘江横亘在滇粤古道之上，阻碍商旅行人客货通行，特别是夏秋两季，江洪暴涨，行途阻断，商旅只能望江兴叹。冬春两季河水枯涸时，客商方可褰衫而过，常有客商乡人溺水身亡的事故发生。古时过江常靠浮桥和舟渡，但一遇洪水暴涨，夏潦秋霖，浮桥就被冲毁，扁舟也无法摆渡。

鉴于盘江险阻，商旅畏途，盘溪监生陈丕显，乡绅田荐馨、田德馨、田瑞馨、张峄、吴世德、魏文元、张昂、朱德新、杨天兴、刘炳各捐白银100两，号召乡人富者出钱、贫者出力，募捐修建铁索桥。于乾隆六年（1741 年）八月六日动工修建，至乾隆七年（1742 年）三月十五日竣工，历时七月有余。桥长二十丈，高亦二十丈，桥面宽一丈五尺。桥身以南盘江两岸高大岩石为基础，两边各以六根长一尺、宽五寸，直径粗一寸的巨大铁链相牵引，支撑桥身重量。桥身为栏柱式建筑，由直木横梁交错支撑，共有 32 间，每间宽九尺，支以廊柱，履以椽瓦。桥两边各建有桥楼一座，桥东边有双象把关，西边有双狮守门。整座桥梁建筑犹如长虹飞挂，飞檐拱顶，巍然壮观。

建造盘溪铁索桥，共用银 5600 两，全部来自盘溪本地乡人的募集，并未向商旅募捐分文，也未向官府请帑拨款，盘溪乡民急功好义、精神可嘉，时任云贵总督的张允随说："洵可谓淳乡仁里，见义勇为，争先恐后者矣！"

时任临安知府李鼎望、宁州知州戴允成各捐出养廉银和部分薪俸资助建桥。特别是牧令河西戴允成，亲临建桥现场指挥，大加奖励，排除疑虑和困难，铁索桥才得以顺利竣工，真可谓是"诸同仁既董率于前，而贤父母复鼓舞于后"。

铁索桥建成后，引起了云南制台和藩司的重视，时任云

贵总督张允随为铁索桥亲自撰写《宁州铁索大桥碑记》，对乡人募捐修建铁索桥的善举褒扬有加。云南布政司奖以主事陈丕显、田荐馨等乡绅“心存利济”匾额各一块。临安知府李鼎望亲自为大桥题写桥头匾额“济世津梁”。从此，滇粤大道险阻变通途，客商“乘轩至此，临渡若过康庄；信步来思，拆苇即登彼岸”，“波涛可以勿扰，覆溺可以勿患”。

盘溪铁索桥的建造，工程和技术难度都相当高，体现了先辈工匠精巧的设计和高超的施工技术。据现代桥梁专家称：铁索桥的建造是桥梁建造史上的一个里程碑，特别适合在山势险峻、水流湍急的云南修建。另据刘文炳所撰《建铁索桥募引》所记，盘溪铁索桥是仿照盘江、澜沧江铁索桥的形式修建的，证明盘江和澜沧江还各建有铁索桥一座，加上腾冲县的铁索桥，云南见于记载的铁索桥共有四座。盘江、澜沧江的铁索桥没有留下任何资料图片，唯一留下

糯租铁路大桥

图片的只有腾冲的铁索桥，但无论从规模和工程难度都不能和盘溪铁索桥相比。

盘溪铁索桥建成后的两百余年间，云贵总督王文韶、刘大绅、朱家宝等名人雅士先后为铁索桥题写匾额楹联，吟诗赋对，增加了铁索桥的人文价值。“明旗暗鼓八方树，倒挂金钩铁索桥。”铁索桥成为盘溪五景之一，成了盘溪乡民和过往客商憩息休闲的好地方。在铁索桥上凭栏远眺，一江春水碧若蓝，凉风皆从肘腋生，盘溪河谷美景尽收眼底。数百年来，盘溪人民以铁索桥为荣，与铁索桥结下了深厚的历史情结。

铁索桥在光绪年间和民国初年进行过两次重修。古者雨毕除道，水涸成梁，九月除道，十月成梁，修桥补路，以利通济，建桥者都希望万世永恒成为济世津梁。然而，铁索桥没有与天地而俱永，没能逃脱被毁的命运。在 1958 年的“大跃进”中，铁索桥被拆毁，原因只是造桥时用的 12 根钢铁巨链，能增加钢铁产量，实现“十年超英，二十年赶美”的号召。驻盘部队工兵连耗时一月有余才把铁索桥拆毁，12 根巨链既无能力熔化为铁，也没有增加钢铁产量，而是被堆放在大桥头东边，任由风侵蚀，最后不知所踪。

金锁桥　水从碧玉环中出，人在苍龙背上行。县城东南十余里，华盘路旁，中国第一优质温泉（象鼻温泉）之侧，就是省内有名的金锁桥。

金锁桥

这是一座雄伟的桥，保存得如此完整，跨径如此之大的单孔石拱桥，在云南已不多见。资料显示，金锁桥全长37米、高14米，桥面宽9米、净跨度18米，河床至拱顶高11.7米，桥面厚2.1米，以0.5米×0.3米的条石砌成高0.7米的护栏。护栏内侧建有韦陀坊、观音阁各一座，相距6米，南北对称，典雅别致，既满足了桥梁建筑技术上的镇压拱顶的需要，又显示了桥梁的雄伟壮丽。

北护栏内侧的“韦陀坊”四柱三间，柱为八面体，通高3.6米，通面阔3.4米，整座牌楼建在须弥座上。檐下有装饰性斗拱，檐方雕饰卷云、垂幔。檐柱上镶石质平身斗拱六攒，结构严谨，雕工精美。牌楼镶有五匾三块，中间一块行书“神应三州”四个字，两侧分别书“明月”“清风”，可惜被毁于1996年，今尚存部分物件。走到南护栏，抬头就能看到一座石阁上书“观音阁”，阁正脊置宝瓶，檐下雕斗拱，檐方三层雕饰华丽。正中悬一石匾，直行楷书“慈航普度”四个字。两侧柱上刻楹联“露连碧水恩波暖，云涌彩虹瑞色新”。阁前安装以石板雕成的门，窗棂、群板镂雕梅花和鸟图案，工艺颇具匠心。

此桥为何叫作金锁桥，还要从一个美丽的神话说起。

相传，这座桥由华溪富人普老大出资建造。造桥的时候，有一个叫元天罡的仙人来参加造桥。当时洗澡塘村住着一家卖水豆腐的老两口，元天罡天天都要到他那里吃一碗水豆腐，不付钱。一连吃了三个月，那家老两口也不厌弃，照样给他吃。元天罡就指着一个石头叫那家老两口收藏起来，说到时候会有用处。

桥快要竣工了，只差最后一个龙口石，石匠打了很多石头都不合适，不是大就是小，石匠个个急得抓耳挠腮，不知所措。这时，元天罡就说：“我看见卖水豆腐那家家里放着一块石头，你们不妨去拿来试试，看合不合放。”石匠听了，立即把那块石头抬来一放，不大不小，不差分毫，放进去就拿不出来。普大老便问卖水豆腐那家老两口：“你这块石头要多少钱？”那老两口说：“只要够我们一年的盘缠就行了。”普老大便用毛驴驮了一驮银子送给他。这一石合龙，天衣无缝，如女娲所炼，这大概就是金锁桥一名的由来。

这是一座雄伟之桥，横跨在龙珠河上；这是一座方便之桥，沟通了人们与象鼻温泉的交往。现在的路已经四通八达。在过去，要从河东岸到西岸的象鼻温泉，只有通过这座桥。通过这座桥，不论春夏秋冬，不论河水涨落，不论早晨夜晚，我们都可以到河对岸的温泉里泡泡澡。通过这座桥，进入桥下的温泉，让全身浸泡在温泉里，让阵阵暖流注入体内，让整个身心都放得那么松弛，所有的尘事如云烟一般，淡出了思维和记忆。置身于温泉的怀抱，也能让我们暂时远离都市的繁华，抛开所有的烦恼，寻找梦想的归源。

❶ 九甸大桥
❷ 迎春桥

古城从风雨中走来

华宁的古城，最早可追溯到西汉元鼎六年（公元前111年），但随着政权的变更，朝代政权的更替和行政区划的变动，县城的地址发生过数次变动。先后出现过盘溪的毋单古城、旧州古城、西沙笼古城、宁州古城和甸尾古城，到元朝至元年间后才在今华宁县城附近固定下来。经明、清、民国修建和重建，形成了民国前的宁州县城规模。

宁州古城　宁州古城的营造，起始于明朝洪武年间，傅友德、沐英平定云南，在云南建立大明政权。宁州旧城西沙笼因城址逼近关隘，不利于防守，于洪武十六年（1383年）营建宁州城，洪武二十三年（1390年）迁入今华宁县城。

明嘉靖十年（1531年），巡按监察御使毛凤韶上疏在云南州县"请城列郡"，以增强防卫、平靖南服，华宁州城也在建造范围之内。于嘉靖十二年（1533年）七月十六日由宁州知州李道全负责开工建造，至嘉靖十四年（1535年）正月十五竣工。完工后的宁州古城城墙为土墙，周长三里三分，墙高二丈八尺、宽丈余，无城垛，墙面履瓦。州城城墙背圆面方，建有东、西、南三道城门，北面因没有人烟，所以没有建北门。东门名顺化门，西门名会通门，南门名宁远门，北门有楼无门名环翠楼。三道城门皆建有城堡，供巡警防卫之用。

华宁县城老街一角

明朝崇祯十三年（1640 年），分守道程楷改筑砖城，墙高降为一丈五尺，城墙周长仍旧三里三分。往后于清康熙十一年（1672 年）、乾隆二十八年（1763 年）进行过重修，一直到新中国成立前拆除城墙止，宁州城的面积并没有扩充，一仍如旧，只有城内建筑和公用设施被不断增加和完善。

清乾隆五十四年（1789 年），华宁大地震，公署、民房、寺宇遭到毁灭性的破坏，城墙全部震毁倒塌。后于道光二十九年（1849 年），知州李灿荣重修东城门及东南城墙。咸丰元年（1851 年），知州徐震翱重修南城门，并更名为绥远门。咸丰四年（1854 年）知州卢庭燮重修西城门。咸丰六年（1856 年）乡绅刘家逵、李廷杰等募捐添筑土城，重修北城楼并更名为北极阁。

大地震后经历了六七年的时间，宁州城才得以修复。在咸同年间又遭受马如龙、普天章兵燹毁坏，后屡有修复。民国时期，县民众自卫队在城墙脚修建护城河，宽一丈五尺，深一丈。1949 年县民众自卫队又重新对城墙进行修建，城墙外层砌砖、内层夯土，并在城墙四周设立炮台，县城的防卫功能得到了进一步的提升。

东门和西门外各有马店十数家，供过往商旅行客食宿。城内有张家花园、李家花园、朱家花园和州署公廨、州学书院等建筑。全城街巷交错，古建筑群落与私家花园、传统民居鳞次栉比，亭台楼阁相映成趣。

从 1952 年起到 1956 年，县城南门、西门和东门相继被拆毁，四周城墙也被拆除，改建成现在的环城路，县城内的古建筑也相继遭到破坏和拆毁。继之而起的是现代的钢筋混凝土的城镇建设。而留下的只有人们心目中的晨钟暮鼓、安静祥和、民风淳厚的小城和留在文字资料中古城的影子，以及割舍不断的文化情缘。

甸尾古城　甸尾古城是禄氏土司所居的土官城，是专为禄氏土司所筑的城池，为么些蛮宁部土司政权的统治中心。亦可视为宁州城的附廓，两城相连并峙，又各自为城，在西南夷汉杂处的少数民族地区的城镇建设史上都是极为罕见的，充分体现了华宁古代的夷汉政权并治，流官与土官制度并存的特点，是华宁的一道独特的历史奇观。

么些蛮宁部土司在今天华宁境内筑城，最早可追溯到大理国中后期，宁部裔孙西沙在今天的华宁下村筑西沙笼城。元初忽必烈平定大理政权后，宁部普提内附于元政权，在西沙笼设立宁州万户，其间虽有变迁，但后来仍为宁州州城。元朝初创土司制度，而土司制度实际仍然是汉唐少数民族羁縻政策的延续。华宁虽然在西沙笼设立府一级的行政建制，其中也有达努哈赤的委派，但实际权力仍然掌握在土司后裔的手中，政权仍为土司政权，因此西沙笼实际还是土司城。

明朝万历年间，宁州土知州禄世仁在州城东南约半千米的凤

华宁县城西栅子门

山之上筑甸尾城，即今华宁甸尾。筑成后，全城为砖城，东西长500米左右，南北宽300米左右，面积约1.5平方千米。甸尾城筑成后，正逢明末清初，政局动荡，少数民族争斗激烈的时期，屡遭兵燹战火破坏。甸尾土官城连遭三次破城。第一次是在明朝崇祯五年（1632年），开远土官普明声，为报禄洪父子杀死祖父、父兄、子侄之仇，借禄洪领兵北上勤王的机会，率士兵围攻甸尾城三月有余，最后破城。第二次是在清朝顺治三年（1646年），开远土官沙定洲为报宿仇，及报宁州土官禄永命帮助黔国公沐天波之恨，甸尾城又遭沙定洲破城。最后一次是在清康熙四年（1665年）三月，宁州土官禄昌贤支持大西军李定国反清复明，联合迤南迤东土司叛乱，先后进攻宁州城、通海、江川、易门等县城。七月，吴三桂从贵州水西回师围攻甸尾城，破城后尽毁其城。建城后百余年间，甸尾城连遭三次破城，特别是最后一次，吴三桂破城后拆除了甸尾城。至康熙末年，禄氏土司代袭者李氏，传五世后绝嗣，土司政权停袭，甸尾城遂不得修复，从此消失。

甸尾城于康熙年间被拆除后，经过明、清、民国时期的建设发展，房屋已经和县城相连，成为宁州城的东部门户，形成了一条繁华热闹的太平街。街道宽阔平坦，旅馆、马店、商铺林立。有土司衙门、土官府、朱氏宗祠、李氏宗祠等古建筑，是通往两广的坦途大道。民国时期在此设立了太平镇，为太平镇公所所在地。

时至今日，太平街旁的古建筑、古民居虽然有的遭到破坏，有的年久失修，有的只有断垣残壁、残破不堪，但雕梁画栋，还能看出当时建筑的恢宏气势。对于研究明、清、民国时期的华宁民居，具有很高的历史价值和文物价值。

盘溪古镇和映庚楼　盘溪历来是华宁县经济富庶的地区，滇粤古道必经之地，素有“两广要冲”之称。特别是滇越铁路通车后，成为联通滇南、滇中的咽喉要道。自毋单县城设立起，迄今已有两千多年的历史，是当之无愧的千年古镇。盘溪古镇经过两千多年的发展历史，留下了许多有价值的物质文化遗产和文物古迹。除铁索

桥、滇越铁路之外，著名的有大寺、镇江寺、北门清真寺、关圣宫、文昌宫、城隍庙等古寺古刹，有明清华宁七大书院之一的玉溪书院，有全省闻名的映庚楼。

我要特别讲一讲的是映庚楼。

映庚楼即盘溪镇西门，是没有被拆毁破坏的四门之一，整体建筑还相对保留完整。

映庚楼雄踞在“滇粤古道”“两广要冲”的重镇盘溪镇之上，古来行客由西门而入，出东门，下两广；由东门而回，出西门，过宁州而上省城。朝则驮铃远去，暮则商旅急归，商贾云集，经济繁荣。千百年来记忆着盘溪古镇的辉煌历史。

映庚楼自民国十一年（1922 年），时黎县（今华宁县）、婆兮（盘溪古称婆兮）县佐陈瑞、盘溪晚街甲首事及部分乡人集资重修，云南名士陈荣昌书写门名，西门始有映庚楼之称。映庚楼为重檐歇山式建筑，正三间十六十八开间，一丈六六进深，高约二丈六两层木楼建筑。中间为石拱门行人过道，两厢为值勤门房，一层外墙体遍布枪眼，二层外墙体尚留有两洞机枪眼。整体建筑气势恢宏、古色古香。重修 90 年

盘溪镇西门映庚楼

来，映庚楼经历了太多的风雨沧桑、人为破坏，已经残破不堪。

西门为什么叫映庚楼？映庚楼指的是什么意思？几十年来由于对传统文化的破坏与无知，今天，即使本地人也很少有人知道映庚楼指的是什么意思。“映庚”二字的含义，按五行、周易学说，“西方庚辛金”，庚，本指方位的西方、五行属金。映庚即指辉映西方、辉映西门之意，暗寓乡梓飞黄腾达、吉祥如意。

“山不在高，有仙则名；水不在深，有龙则灵。”滕王阁王勃

文之而驰誉，蜀道得太白之句而益险。映庚楼也因得陈荣昌先生亲笔题写楼名而驰名，其字平正庄重、遒劲俊美，深得多宝塔精神，使映庚楼增色不少，闻名遐迩。

陈荣昌，字小圃，号虚斋，致仕回滇后晚号困叟，昆明人，生于1860年，卒于1935年。云南四大名士之一，是云南近现代史上的重要人物之一。光绪壬午（1882年）科乡试解元，癸未（1883年）科进士。入士后入翰林院词馆，后授翰林院编修。历官贵州学政、国史馆协修、大考二等、会试同考官等。1896年乞终养回滇，总办云南团练。1897年后任经正书院主讲，1900年任经正书院山长。1904年任云南高等学堂总教习、云南学务处总参议。1906年两次出任贵州提学使，一年后丁忧回滇。1908年任云南自治总局局长、云南教育总会会长。1910年任山东提学使，1911年以病为由辞官避居上海。辛亥革命后拒绝山东都督周自齐邀请，以“既为清吏，不敢背朝；既生中土，不敢忘中国，若清亡则终身为民，

禄土司官邸

不复言仕。今民国已成，是即荣昌终身为民，不复言仕之秋也”。自此回滇闲居，著书立说，热心地方公益，终身不再出仕。

陈荣昌先生是云南近现代史上十分重要的人物，是云南著名的士绅。在维护庚子教案官民权益、抵制英法侵略云南，参劾丁振铎、兴禄祸滇，保护铁路路权，收回七府矿权的诸多云南重大历史事件中，发挥过重要的作用。为民请命，直言上书，胆识过人。

陈荣昌先生是云南的教育泰斗，重视教育、重视培养人才。1902 年，先生向云南督抚学政上书，建议派遣留日学生，为今后云南造就人才。此后连续三批派遣学生到日本学习教育、法政、实业、陆军，开创了云南派遣留学生的先河。这些留日学生学成回国后，很多人成为辛亥革命的骨干，如杨振鸿、吕志伊、李根源、李鸿祥、罗佩金、谢汝翼等等，其中罗佩金、李鸿祥、谢汝翼还是玉溪人。还有“天南师表”秦光玉，《新纂云南通志》总纂周钟岳等等。陈荣昌主讲经正书院七年，为云南培养了大批人才，经济特科状元袁嘉谷，名硕之士李坤、顾视高、夏瑞庚、秦光玉、钱用中等等皆出其门墙。

先生幼失怙，少则颖慧，及长则勤勉。无论经史百家、六朝唐赋、诗古文辞皆研习甚深。为“云南丛书”名誉总纂，终身收集整理云南文献历史，先贤遗著，著述等身，诗文被公认为“滇南一大手笔”。一生景仰钱南园，故书法工于颜真卿、钱南园两人，深得颜体心法，其颜草名重一时，是清末民国时期著名的书法家。袁嘉谷认为：“自鲁公之后，南园一人而已；南园之后，先生一人而已。”将其书法视为自颜真卿、钱沣后的颜体第一人。陈荣昌先生的书法作品传世很多，今天我们看到的昆明圆通山唐继尧墓碑——“会泽唐公冥赓墓”和墓联——“功业须当垂永久，风云常为护储胥”便是其所书，其字法度庄重、笔力遒劲，其风高古，为书中上品，于陈荣昌先生的书法可窥一斑。

斯人已古，文气犹存。无论是映庚楼之于陈荣昌，还是陈荣昌之于映庚楼，都还辉映着西门、辉映着盘江。

晨钟暮鼓塔和寺

明朝军屯民屯进入华宁后，在带来汉族先进文化的同时，汉传佛教和汉族的风俗习惯也一同传入了华宁，经过数百年间与本土少数民族的宗教习俗融合，形成了华宁独特的宗教文化与风俗习惯，产生了灿烂的寺庙塔阁文化。全县寺庙塔阁林立，城镇、村野田园，晨钟暮鼓，人心向善，气节相尚，民风淳厚。

古寺古塔，是中华民族文化发展、宗教融合的产物。宗教和民族文化的融合，形成了中国灿烂的传统文化、民族精神和风俗习惯。是中华民族恒定不变的价值取向和精神财富。由此产生的寺塔庙观等文物古迹是中华民族文化遗产中的无价瑰宝。

华宁的寺庙塔阁，从现存的文物遗迹可以看出，已经没有南诏大理国南传上座部佛教的遗迹。华宁现存最早的是建于元朝至正年间的白塔。明朝军屯民屯进入华宁后，在带来汉族先进文化的同时，汉传佛教和汉族的风俗习惯也一同传入了华宁，经过数百年间与本土少数民族的宗教习俗融合，形成了华宁独特的宗教文化与风俗习惯，产生了灿烂的寺庙塔阁文化。全县寺庙塔阁林立，城镇、村野田园，晨钟暮鼓，人心向善，气节相尚，民风淳厚。

华宁修建最早的古寺，见于记载的有今江川旧州的浪广寺

宁寿寺

（即大雄寺），青龙梅竹村的正觉寺，两寺大概建于元朝以前，今已不存在。有明确记载的是今县城的孔庙，建于明洪武十六年（1383 年），另外是建于洪武二十二年（1389 年）的城隍庙，建于明正统二年（1437 年）的文昌祠，三寺最早。经过明清两代的建设，华宁寺庙塔阁遍布县城及全县的乡镇农村，品类齐全。较为有名的寺有孔庙、关圣宫、宁寿寺、慈光寺、文昌宫、伏虎寺、玉泉寺、海镜寺、广化寺、西林寺等，较为有名的塔阁有文笔塔、锁水塔、藏经阁、文昌阁、魁阁、水阁、斗阁等。

华盖山宁寿寺 华盖山宁寿寺，在县城以西一千米的华盖山麓，是华宁县境内规模最大的佛教寺院，或称顶寺，因建于华盖山巅而得名。华盖山是华宁县城西北的屏障之山，昔日古木参天、风景秀美，州人至此，有如登临胜景，可以俯瞰全城和宁州坝子的秀美风光，是邑人烧香礼佛、游玩休闲的最有名的风景名胜。

宁寿寺建于明朝初年，是华宁县最大的佛教建筑群，由金刚殿、财神殿、大雄宝殿、祖师殿、关圣宫、诸佛殿、天王殿、雷神殿、鲁班殿、玉皇阁、魁阁、太白阁、钮梅亭、凉风亭等殿阁组成，宁寿寺建筑规模宏大，占地面积近四千平方米，共有六进十四个院落，错落有致地分布在华盖山麓，亭台楼阁鳞次栉比，松风古月暮鼓晨钟，是方士信善清修胜境。

1931 年，在第四次国民政府会议上，戴季陶、胡汉民两位先生提议更改地名，凡是土名译音或者词欠雅训的，都宜更改。华宁县民元初年曾更改县名为宁县，因有重名，后改为黎县，但黎字有黑暗之意，词意又欠雅训。省府令时任黎县县长刘名昭更改县名。经县政府召集机关士绅会议修改县名，以华盖山为县城主山、宁寿寺为县中胜景为渊源，确定了华宁县的县名。1932 年初经国民政府国民会议批准，华宁

佛光塔影

始有华宁县名之称。

宁寿寺在清朝咸丰十年（1860 年）毁于兵燹，后来主要建筑相继得到过修复。新中国成立后遭到破坏，佛像全部被拆毁，寺院被辟为县农机厂厂房和职工宿舍，大部分建筑破损严重。改革开放后，通过本地信善的集资修复，宁寿寺又逐步展现出昔日的英姿。

万松山慈光寺　万松山的慈光寺，在县城东两千米的万松山上，是华宁县的主要佛教建筑群落之一，是华宁县当代重要佛教活动中心。

慈光寺建于明朝天启年间，历朝间有不断修缮。寺院由天王殿、大佛殿、玉皇殿、土主庙、观音阁、藏经楼等建筑组成。形成

❶ 慈光寺正门

❷ 慈光寺大雄宝殿

三进六个院落的建筑格局。历史上，慈光寺内主要佛殿的佛像，由产自县内暮车铜矿的铜铸成，玉皇像用铜一千多斤，其他佛像用铜均在数百斤以上，佛像佛法庄严、金碧辉煌。铜铸金身佛像，在云南的佛寺中也是首屈一指，实属省内罕见的文物古迹。新中国成立后，慈光寺遭到了破坏，寺内佛像被拆毁，辟为县委党校用地。到 20 世纪 90 年代，在政府相关部门的支持下，经过华宁信善群众集资修建，重塑了寺内部分佛像金身，于老寺北边还新建了财神殿。使三宝之地，再现昔日庙宇之辉煌。

万松山是华宁著名的风景名胜，绿树成荫，古木参天。前有瓜水，后有土林，右有白塔，左有阳暮山，与慈光寺的庭院楼阁交相辉映，松涛如墨，松风如韵，满山烟雨，万顷霞光，犹如浑然天成的一幅画卷。

寺内曾藏有大书法家米芾真迹“宝藏”二字和古本佛教经典《藏经》，明朝给事中王元翰遭谪贬后曾在此阅经，因此有华藏楼之名，或称藏经楼。寺内先后有王元翰、禄洪、

董其昌、刘大绅、朱家宝等众多名人逸士在此题词题字、吟诗赋对，为慈光寺增添了深厚的人文底蕴。

禅宗幽境，慈光寺曾产生过王元翰狐仙伴读等优美的民间传说，历代高僧辈出，历来为江川、通海、华宁三县有名的礼佛中心。

孔　庙　孔庙，亦称文庙，又被称作至圣庙、先师庙、夫子庙、先圣庙、文宣王庙等，以文庙的称呼较为普遍。修建孔庙、尊孔崇礼、兴办儒学，成为国家的大事，到明清时期，全国府、州、县都建有孔庙。孔庙建筑规格高，建筑艺术精美，是古代建筑艺术中的一朵奇葩，在我国古代文化遗产中占有重要地位。

华宁孔庙，也称文庙，始建于明朝洪武十六年（1383 年），于营造宁州城时同时修建，是华宁修建最早的祠庙。最初建有大成殿、礼门、棂星门，东西建有二庑，圣贤塑像俱全，并建有斋舍、厨房等设施。

明朝弘治年间，宁州训导曹安受邑人张西铭嘱托扩建泮池。华宁孔庙自洪武十六年（1383 年）开始到清乾隆五十五年（1790 年）间，经过四百余年的不断扩建和重修，形成了以大成殿、启圣宫、明伦堂、名宦祠、乡贤祠、昭忠祠、大成门、棂星门、泮池、腾蛟牌坊、起凤牌坊、道冠古今牌坊组成的建筑格局。

孔庙是华宁县城最大的建筑群落，由北向南依次为大成殿、大成门、楼星门、道冠古今牌坊、泮池等四进院落及乡贤祠等院落组成，腾蛟牌坊、起凤牌坊在今宁秀街上。沿孔庙前有三级月台，有花园，有小广场，有讲演台，有花草树木、亭台楼阁，是华宁县城举行公共活动的场所。

孔庙是民国以前尊孔崇礼，祭祀孔子及先贤的地方，孔庙四季皆有祭祀，其中重要的有每年农历八月二十七的孔子诞辰祭祀。逢县考之年有祭祀，官学、书院年考有祭祀。另外还有丁祭，即四季的仲月丁日祭祀，一年四祭，是孔庙的定制。

华宁的孔庙自明洪武十六年（1383 年）建立后，在尊孔崇儒、尊师重教的思想影响下，偏野小县读书风气大开，不分乡间僻壤，

古白塔

学校书塾林立。末几士子辈出，人文焕然，形成了华宁耕读传家、民风淳厚的风尚。

新中国成立后，孔庙大部分建筑被拆毁，碑刻被破坏，仅余大成门。大成门于1985年重修。

尊经阁 华宁尊经阁建于清道光十五年（1835年）。规模为一进一院，由尊经阁、厢房、倒座、花园组成，占地面积近四百平方米。尊经阁为两层四方重檐歇山式木质结构建筑，雕梁画栋，工艺精湛，是华宁县保存较为完整、最具代表性的古建筑之一。

尊经阁又称藏经阁，是古代尊崇六经、收藏儒家经典经、史、子、集及古籍文献，又是文人士子读书阅经的地方，故称尊经阁，藏书的职能相当于现代人的图书馆。尊经阁按古制一般属于学宫、书院附属设施，专供藏书阅读之用。华宁的尊经阁既不属于孔庙也不属于书院，是后来单独建盖的建筑。

华宁尊经阁建于县城内的龙山之巅，与北城楼的北极阁相连，四季松柏常青、绿树成荫，故有邑人张知名“半空虚谷有云往，六月深松无暑来”的感慨，昔日是州城著名的风景名胜，是邑人读书阅经，文人雅士吟风弄月、避夏消暑的

好去处。

经尊阁内有木梯可上二楼，能登高望远，“四面云山都到眼，万家灯火最关心”。尽览宁州坝子无限风光、万家灯火。

尊经阁建成后，历代有修缮，新中国成立后是遭受破坏相对小的建筑，主体建筑保存完整。1994 年对阁楼主体进行校正，2013 年进行重修，修旧如旧，华宁尊经阁又再现了昔日的辉煌。

文笔塔 华宁文笔塔，建于清朝乾隆四十四年（1779 年），相传塔身为楼阁式六方塔，下阔上尖、攒顶，塔高七层，由红砂石、青石砌成，塔高近三十米。现存塔基东西长六米，南北宽四米。文笔塔建成后，邑人刘大绅题写塔身石匾“玉笋凌霄”四个字。

文笔塔建于华宁城南的文笔山上，今郭家营后山。古时为大明旗山西干山脉，此山高三四百尺，周围约里许，郁郁葱葱，满山兰惠茂盛芬芳，入山者常衣袂留香。古人以为此山是风水宝地，气象焕发，大有昭日月、焕云电的文气，于是在此建文笔塔。其时自

尊经阁

有明一朝，儒学斯来，华宁已是士子辈出，曾有一科二进士，成绩斐然。在此建文笔塔，只不过为点缀人文，增添形胜而已。

华宁文笔塔毁于清朝道光年间，据传为彝汉风水之争，彝族以为文笔塔镇压着彝族的风水，被彝民拆毁。相传文笔塔被毁后，每逢云南乡试之年，州邑士大夫必相率各举灯笼火把、扬帜列幡，祭拜于文笔山上，活动终日不息。并约定俗成当年参加乡试的生员，必须挑砂石数十担，堆砌文笔塔基，以增加塔基高度，希望能垒砂石为塔，并能居乡试中举。经过近百年的堆垒，将文笔塔基堆砌成一座小小的砂石山，本地人称之为土塔。新中国成立后，拆毁下来的文笔塔

① 文脉永续——文笔塔

② 刘大绅为文笔塔题匾

石条被搬去做文笔山水库大坝的石料，刘大绅所题书之“玉笋凌霄”石匾，被改凿为五角星砌在水库大坝之上。

2014年，华宁县政府和各界人士通过多年的努力，募集资金两百余万元，于是年重建文笔塔，工程于年初开工、年底竣工。文笔塔建成后，塔身高27米，仍为楼阁式七层八方塔。新建成的华宁文笔塔，古朴端庄，如高阁凌虚般地点缀在宁州坝子的山川大地上，飞檐攒顶，富丽堂皇，为华宁再现了一道亮丽的人文景观。

白　塔　华宁白塔属于风水塔范畴。民间传说古代时宁州坝子的龙珠河、浣江河洪水经常泛滥成灾，坝子常被淹没，先人于是建塔于三江并流爪水之上的黄龙山麓，以镇淫雨恶涝、偃息灾害，故又名之为锁水塔。

华宁白塔一直是华宁地标式的建筑，与万松山风景区、慈光寺、土林、爪水掩岚连成一片，交相辉映。无论商旅游客，一入宁

州坝子，首先看到的就是白塔洁白的身影，影映在宁州坝子恬静的田园风光之中，令人难以忘怀。

2004年，在向阳煤炭建材有限公司的资助下，对白塔进行了再次修复。有乡人碑记之，时未采用，有些许遗憾，今录于下：

甲申（2004年），华宁兴两千余年渊源之泉乡文化。越三年丁亥，泉乡政通人和，经济、社会、文化事业千帆竞发，万马奔腾。值此华宁文艺复兴之际，县委、县政府牵文企之手，由向阳煤炭建材有限公司资助，县文化局重修锁水塔，复其旧制，新辟幽径，广植花木，使与竹苑松山浑然一景。

寻华宁之锁水塔，或曰：宁州富美，实为钟毓灵秀地，物华天宝州，是久居之当然。为独占此秀丽河山，大元至正年间，黄乌二龙战争连绵，翻云覆雨，州野顿为泽国，可见饿殍遍地，华之野不宁也。得仙人之指示，合州士庶建塔于城东黄龙山麓，以镇妖邪，保境安民。以塔锁水，故名曰锁水塔，因塔身乳白，又曰白塔。其后，华野宁，州民安，居者乐，宁州由是地灵人

重修后的白塔

❶梓潼庙
❷语录塔

杰，声名远播华夏。

予观锁水塔之胜状，在宁州坝之一角，屹立六百余年，虽经万千风雨，却愈显苍劲雄奇。倚楼山之险，镇黄龙之威，望文峰之俊，锁爪水之怒，观丹凤朝阳，赏西沙映月，闻春雷鼓洞，听恩永抚琴，托普度慈光，浴华盖清风，此则锁水塔之大观也，前人或有述及。然则扼滇之要塞，东出红河文山而通两广，南达越南而壤东盟，迁客骚人，每及于此，无不驻足良久，览物之情，得无异乎？

至若春和景明，万木吐蕊，玉带萦廓，菜花万顷；云雀腾空，紫燕穿云，喜鹊登梅，欢欣不已。而或长烟一空，绿荫如幄，翠草成茵，山歌互答，此乐何极！登临斯塔，则感天高地迥，宇宙无穷，把酒临风，喜气洋洋，壮志飞鹰，大块文章。若夫秋风瑟瑟，落木萧萧；万花飘零，黄叶满地；日星隐耀，山岳潜形；薄暮冥冥，乌鹊夜啼；登临斯塔，则感兴尽悲来，识盈虚有数。又觉少小离家，征夫白发，思亲怀乡，物是人非，满目萧然。

造七级浮屠，是华宁人乐善好施，扶危济贫，急公好义之象也。今塔复古，尤显突兀峥嵘，巍峨挺拔，其接天连地，维山系水，乃增华宁之一大观，更是构建和谐华宁之一壮举。余将不惑之年，方悟范文正公所记岳阳楼为何。不以物喜，不以己悲，位卑未敢忘忧国，霄汉常怀捧日心，乃吾辈之份也。

1

2

边陲小县开办的七大书院

华宁县的文化教育，自明朝洪武十六年（1383 年）开办县学以来，圣贤之道达于南莽，习气渐化，礼乐文章明备，道德风尚化一，变荒外而为邹鲁。末几有邑人张文礼登明永乐甲申（1404 年）科进士，为临安府第一位进士。可谓临安首士初开文气，自张文礼以后，明清两代华宁共出过进士 25 人。华宁读书风气遂然大开，书院、义学、私塾遍布全县城镇乡村。

华宁县自清乾隆四十八年（1783 年）创办宁阳书院起到清朝末年，先后创办过七个书院，被称为华宁明清七大书院。一个小县能开办七个书院，在云南省也不多见，可见华宁读书办学的风气之盛。

华宁的学校设置，最早始于明朝初年。由于云南属于少数民族地区，历史上开发得较晚，教育也极为落后。元朝时才在路、府所在地设立学校，而华宁是否设立过县学，没有任何历史资料记载。一直到明朝洪武年间，华宁才建盖孔庙、设立官学，此为华宁开办学校之始。明朝在云南实施军屯民屯制度，大量汉民迁入云南，华宁的教育才开始昌盛。

明洪武十六年（1383 年），在州城新址建州学，学校建有明伦堂、备德斋、明善斋，射圃旁建有观德亭。传入汉族儒学修身、育德、治学的正统教育思想。射圃建有观德亭，观射如观德，暗寓要

求学生有儒家“君子无所争，必以射乎！揖而上，礼而让，下而饮，其争也君子！”的君子风范。

清沿明制，明清两代的教育体制大体相同。在府、州、县设立官学，在村社设立社学或义学。设专门管理学校的官吏，府学有教授、州学有学正、县学有教谕，各级官学均设有训导。明朝的社学，清朝的义学、学塾均属于私人办学性质。明洪武八年（1375年），在全国乡村设立社学，延师儒以教民间弟子，为明朝开办社学的开始。私人办学在清朝时已经达到了高峰，超过以前任何时代，民间办有义学、坐馆、私塾，统称学塾。社学和义学一般是由

地方人士借用寺庙等公共场地集资兴办，公家补助，有公益性质。

明清时期除华宁县城的县学外，明朝时华宁村社有社学，清朝时在宁州、青龙、盘溪、大街、路居、曲江办有义学六馆。

乡村的社学、义学、学塾为科举考试的预备教育阶段。学生通过学塾的学习，参加县试，或称童子试，取得秀才的身份，才可进入县学读书，同时也取得了县学生员的资格。县学的生员分为廪膳生、增广生和附学生。廪膳生是通过县试正式考上秀才的生员，而增广生和附学生相当于现在的自费生。廪膳生属于公费生，每年可领取政府补助读书。明清两代，县学生员有严格的考试制度和升降制度，月有月考，季有季考，岁有岁试。学政三年两次考试生员，一、二等给赏，并取得乡试资格。三等继续留校读书，四等给予警告，五等由廪膳生降为增广生。

❶ 华宁文庙大成爨

❷ 海镜文昌宫

华宁县的文化教育，自明朝洪武十六年（1383 年）开办县学以来，圣贤之道达于南莽，习气渐化，礼乐文章明备，道德风尚

化一，变荒外而为邹鲁。末几有邑人张文礼登明永乐甲申（1404年）科进士，为临安府第一位进士。可谓临安首士初开文气，自张文礼以后，明清两代华宁共出过进士25人。华宁读书风气大开，除义学六馆外，全县乡镇普遍设有学塾。

华宁尊经阁

书院的创办渊源于唐，形成于北宋。书院，最初不是读书的地方，最早起源于唐朝开元年间的丽正书院，最初本是广罗隐逸人才，搜寻散遗图书、校理经籍、撰写文章的地方。自宋李渤创办白鹿洞书院起，在北宋前期，先后创办了岳麓书院、应天府书院、崇阳书院，称为天下四大书院。书院的特点，是讲学自由，宋明理学的代表人物程颢、程颐、朱熹、陆九渊、王守仁等都曾经创办书院和主讲各大书院，对后世的教育产生了深远的影响。

宋代书院的创立，开创了中国私人办学的历史。书院也是官学的补充，从历史上看，当政府重视兴办教育的时代，书院就相对衰落；当政府不重视举办官学的时代，书院发展就相对兴旺。其中元代书院举办就相对发达，原因是元朝不重视教育，儒生不愿为异族为官，故隐居授徒。明朝前期近百年的时间，由于政府重视兴办官学，书院的兴办相当衰落。在清初的近百年时间里书院的开办也是遭到压制，到清雍正十一年（1733 年），命令各省省会开办书院、每省给白银千两作为开办经费，此时云南省也在省城开办了五华书院。从清雍正十一年（1733 年）到清末，书院的兴办得到了长足的发展，超过前代。至清末时，昆明又创办了正经书院。1903 年，清朝进行学制改革，即癸卯学制，各省会书院改为高等学堂，五华书院也同时改为云南省高等学堂，华宁宁阳书院也同时改为宁州高等小学堂，书院的历史至此结束。

文昌宫大门

海镜古戏台

书院与官学不同，书院是民间办学、属于私人办学性质，从书院创办的几百年间，书院的学生没有参加科举考试的资格。而主要原因是书院的学生是县试时没有取得秀才身份的落榜生，没有取得参加乡试的生员资格。官学是科考的预备教育，专门培养参加科考的生员。一直到明朝万历年间以后，书院才仿效州县官学，定月考季考，分配科举名额。从此以后，有生员身份的学生到书院读书的逐步增多，特别是到清朝雍正年间后，书院有生员资格，参加过学政考试的学生，也可以取得乡试资格。

华宁自清朝乾隆年间起，先后创办了宁阳书院、玉溪书院、龙门书院、学源书院、星湖书院、海镜书院、龙山书院七个书院。星湖书院创办于清朝同治年间，地址在今江川县大街镇的星云湖边。学源书院也是创办于清朝同治年间，地址在今江川县大街镇黑龙潭江川一中。现在星湖书院和学源书院故址已划归江川县。

龙门书院 龙门书院创办于清朝嘉庆二十三年（1818年），地址在今华宁县青龙镇青龙街伏虎寺。清朝咸丰十一年（1861年）伏虎寺毁于兵燹停办，邑人刘大绅曾撰写过《龙门书院记》一篇。伏虎寺于清朝光绪年间重建。

龙山书院 龙门书院创办于清朝光绪末年，地址在华宁县城示范小学，清末学制改革后，改为华宁龙山小学，现为华宁县示范小学。

宁阳书院 宁阳书院是华宁县创办最早、办学时间最长、规模最大的书院。创办于清朝乾隆四十八年（1783年），宁州知州周鉴率州人李鹏飞、向玉堂捐建。宁阳书院在县城西文昌宫内，地址在今华宁县城宁秀

街西段、现华宁三中学生宿舍内。书院旧有学田，以个旧锡矿锡课做学生膏火费。宁阳书院建筑规模很大，主要建筑有中礼堂、奎阁，讲堂五间、书舍十四间。为六进四天井由歇山风式和硬山式两种建筑风格的建筑组成，中礼堂和奎阁为歇山式斗拱建筑，雕梁画栋，极为精美。宁阳书院一直是华宁县最具影响力的书院，清末学制改革后，改为宁州高等小学堂，民国时期为黎县劝学所，1932 年改为华宁中学，新中国成立后为华宁县第一中学。1995 年，宁阳书院被拆毁，改建为华宁一中学生宿舍，现为华宁三中学生宿舍。

玉溪书院　玉溪书院创办于清朝嘉庆二十一年（1816 年），由盘溪绅民集资兴办，地址在今盘溪镇华宁二中校园内。书院地址原来为盘溪大桥头关圣宫，建筑规模宏大，以四合五天井的建筑为主体，前有南盘江铁索桥，后有关圣殿和左右的宫殿组成，古柏成林，环境优美。玉溪书院清末学制改革后停办，1939 年又开办为盘溪简易乡村师范学校，随后又改为盘溪中学。新中国成立后为华宁县第二中学。现存有《玉溪书院碑》一块，为玉溪市现存的唯一一块书院碑记。

海镜书院　海镜书院创办于清朝光绪九年（1883 年），地址在今华宁县青龙镇海镜社区海镜寺村海镜寺内，现在海镜寺主体建筑尚存。海镜书院坐落在风景优美的抚仙湖畔，抚仙湖海碧如镜、环境优美，历来是读书休闲的好地方。海镜书院在青龙街抄保村有学田，做教师薪水和学生膏火费用。海镜书院在清末学制改革后改为海镜初等小学堂，1939 年改为海镜简易乡村师范学校，后又改为海镜中学，新中国成立前停办。

海镜书院

面朝大海，春暖花开，沧海拾贝，岁月七彩。镶嵌在华宁大地上的这些历史珍珠，值得我们拾起，细细品味。

陶冶千
文物保护单位
村窑址
市人民政府

流光溢彩的千年古陶

越简单的美，越是博大。华宁陶的质朴大美每每令观者有如聆听箴言醍醐灌顶、心灵净彻的感觉，在不同的器物上显现出她与众不同的文化意味。让我们一起来一次华宁陶之旅吧，心怀虔诚，探索不断，用品审的方式去解读华宁陶之美，希望能让我们领略到多彩华宁山川之千万变化，华宁文化之万千景象。

泥与火轰轰烈烈的生死之恋，创造了新的生命，这就是陶！

世间之陶有千千万万种，华宁陶自成一派。

她不随波逐流、不追逐时尚、不垂爱权贵、不贪名图利，在传统的政治经济文化边缘处——云南玉溪宁州旧地，默默地做着世间最善良人们的生活良伴，薪火不断承传了600年。

华宁陶取土自质朴的宁州大地，是外来移民与本地居民智慧共融的产物，充分体现着本土文化与外来文化碰撞后的瑰丽光芒。

当今，人们按着自己的愿望塑造着陶的样子：陶碗、陶杯、陶瓶、陶瓦……陶文化随着岁月的增长，文明的更迭变得越来越丰富、越来越多样。华宁陶却少有地保留着她当时从中原传入时的样子。她是被放逐的华夏遗珍，礼失求诸野，华宁陶今天还保持着中国传统陶器千百年前的样子，存着陶骨子里最真的稚气。

当下，驾着回暖的文化东风，我们发现喜爱华宁陶的人越来越多了，越来越多的人开始领悟到华宁陶的质朴大美，被她的古拙所打动。

越简单的美，越是博大。华宁陶的质朴大美每每令观者有如聆听箴言醍醐灌顶、心灵净彻的感觉，在不同的器物上显现出她与众不同的文化意味。让我们一起来一次华宁陶之旅吧，心怀虔诚，探索不断，用品审的方式去解读华宁陶之美，希望能让我们领略到多彩华宁山川之千万变化、华宁文化之万千景象。

薪火不断承传 600 年

五千里方圆有宁州陶器，六百年技艺源景德瓷都。民国中央研究院考古学家石璋如在《云南华宁碗窑村的窑业》一文中写道：村后靠着山坡的地方为工场区，一条一条的碗窑，纵三横四地陈列着，好像爬往山坡的许多毛虫，隐藏在丛茂的大树下。村前的平地上，有一条拐尺形的窑街，鳞次栉比，都是售窑的市房，村中有一座慈云寺，是窑业工会的会址……

1939 年，当时的中央研究院考古学家——石璋如坐火车，经由婆兮（盘溪）经过 60 里山路到华宁碗窑村，对世世代代烧窑的村落进行考察。

随后不久，他在《云南华宁碗窑村的窑业》一文中写道：村后靠着山坡的地方为工场区，一条一条的碗窑，纵三横四地陈列着，好像爬往山坡的许多毛虫，隐藏在丛茂的大树下。村前的平地上，有一条拐尺形的窑街，鳞次栉比，都是售窑的市房，村中有一座慈云寺，是窑业工会的会址……

七十多年过去了，往日繁忙的窑街也已销声匿迹。石璋如已经成了甲骨文专家、殷墟著名学人，台湾中央研究院历史语言研究所研究员、考古学组主任，台湾大学兼任教授、硕士生导师、博士生导师，台湾中央研究院院士。他的《云南华宁碗窑村的窑业》一文，由知名作家张曼菱赴台湾与中

慈云寺（窑神殿）门头

央行政学院研究员学术交流，带回了华宁，全面地展示了 1939 年华宁陶完完整整的模样。

华宁陶始于明初，相沿至今，600 年未曾间断。碗窑村牌坊上的一副对联“五千里方圆有宁州陶器，六百年技艺源景德瓷都”道出了碗窑村的来历。现在的瓦窑村古窑街上有座“慈云寺”，寺侧就是窑神庙，它原先叫“三圣庵”，建在华盖山下，是江西人车鹏在华宁卜陶开窑、肇起陶事，而后“因亲及亲，因友及友”，窑户发展到汪、张、彭、高、仲、范、刘、柯、杨等十余姓的历史见证。尔后，窑业愈加兴旺，“人烟蕃盛，嫌旧制偏僻卑隘”，于乾隆年改作于窑街之上。这时的窑街，已成为窑户日常油盐、米茶、果蔬之所取，窑柴、灶灰、碗花之所供，以及大小窑货杂陈供选的一个大市场。熙熙攘攘，热闹非凡的繁华景象，是华宁陶发展的又一个阶段。

窑上传言，宁州陶业在清朝嘉庆、道光年间达到鼎盛。当时，因取土纠纷发生械斗，窑户集资请来壮勇、沙丁，吃住在慈云寺，借寺壮威。后械斗经调解得止，于是将余资用于重建慈云寺。当年窑业兴旺，窑户心齐财旺的情状，由此可见。

玉溪市博物馆馆长陈泰敏研究认为，华宁陶的兴起在明代晚期，依据有几点：一是云南的明代早中期墓葬中，随葬品主要以青花瓷为主，其中有少量酱釉的罐和香炉等器，酱釉的质量很差，与以漂亮的色釉为标志的华宁陶不是一个档次。明末清初墓葬中除云南青花外，景德镇的青花瓷和云南的色釉陶成为随葬品中的重要组成部分。二是从记载上来看，《黎县地志资料》记载：“明末车大任侨居宁州集股开厂，精制陶器，宁州陶器，由此兴焉。”这很有可能是明代末年华

❶ 窑神殿屋顶

❷ 华宁古建筑美陶厂

碗窑村随处可见的遗迹

宁兴起生产釉陶的时期。此外结合内地的陶瓷生产情况来看，宜兴、石湾等产品和华宁陶接近的釉陶生产情况来看，均在明晚期开始仿制宋代的钧窑器，制作釉质肥厚，釉色丰富，有窑变的釉陶，被称为“宜钧”或“广钧”。华宁陶大约走的也是这个路子。因此明代晚期，华宁彩釉陶开始烧制还是有依据的。

清代开始了华宁陶的兴盛期，依据有二。首先从立于咸丰四年（1854 年）的《重修慈云寺功德碑》来看，“因建公所于华盖山下，塑神立像，名三圣庵，厥后人烟蕃盛，嫌旧制偏僻卑隘，乾隆辛巳年改作于窑街之上，更名慈云寺”。表明早期的制陶公所是在三圣庵，到乾隆时已不能适应“人烟蕃盛”。因为窑工太多，活动太勤，因而决定在窑街之前重新修建慈云寺作为制陶公所。窑街位于村子的中心位置，是出售陶器的街市，说明最迟在乾隆年间，华宁碗窑村已经形成了专售陶器的窑街，陶器的生产应该达到相当的水平。

从碑上可知，从乾隆辛巳年（1761 年）以后，“将近百年，人文蔚起，久欲轩宏殿宇”，说明这期间窑业持续得到发展，华宁陶的兴盛期约在清乾隆至咸丰初年的清中期。参照陶器的种类和造型来看，也差不多。清代景德镇的单色釉瓷器主要是官窑器，由康熙起至雍正、乾隆时达到鼎盛时期。乾隆对瓷器的偏爱部分表现在崇高宋瓷上，所仿宋官窑器苍雅清穆、酷肖原器，尽量仿造宋瓷的色釉和造型，促进了单色釉的发展，无论质量、器型、品种、釉色、规模都超过以前任何一个时代，达到登峰造极的地步。从目前存世的华宁陶来看，很多造型和清早中期的相似，如各类陈设花瓶，尤其是仿古铜器的造型普遍用耳来装饰，兽头、螭耳、梅枝耳、竹枝耳等，瓶、罐、盆、洗往往有铺首装饰，同时喜欢用浮雕的装饰手法，往往有浮雕的草龙纹、寿字纹，古朴繁缛，也

❶ 碗窑村原貌

❷ 复烧的古遗

喜欢仿生的陶瓷，都与清中期风格接近。从釉色上来看，华宁陶也与之相类似。因此，说华宁陶的兴盛期在清中期还是有一定依据的。

还有一种说法，认为咸丰以后，华宁的陶业生产衰退。理由与云南的历史背景有关。那就是清代云南著名的咸同之乱，也就是杜文秀起义，咸丰六年（1856）年，杜文秀领导的起义由回汉之争为导火索，直接导致了云南大地的烽烟四起、战火连天。地处滇南的华宁，为主要的回族聚居区之一，婆兮就是回族聚居地，因而华宁战乱影响更大。在这种云南动乱的情形下，经济出现严重衰退，华宁窑业的生产肯定受到重创。

光绪年间云南的佛教小有中兴，伽蓝再建，法席重开，以生产建筑陶而著名的华宁陶，应该有很大的市场需求。同时清末，滇越铁路通车，为华宁陶的运输带来了极大的便利，因此促进了窑业的发展。此外，从记载上看，清末民初华宁陶是云南著名的特产，因而出现在袁嘉谷、罗养儒等人于清末民初的记载之中，从民国初年

的《黎县地志资料》来看，瓦窑村之瓦器为黎县（华宁）工具的特大宗工艺品，产额为千余担，价值合银万余元，销路甚广。从产品的数量来看，由于存世的华宁陶数量较多，有的品种比如玻璃釉的发明人张元贞可能就生活于清末，死于清末民初，石璋如在1939年的调查中说道：“张氏是碗窑村出奇的巧工，可惜已去世了。”因此清末民初的华宁陶生产应该是清中期以后的又一个高峰期，咸同前后都是华宁窑业发展的鼎盛时期。

民国晚期和新中国成立初期华宁陶器生产逐渐走向衰落。一个原因是抗战以来以及内战时期，政治的腐败、社会的动荡和经济的崩溃。抗战以来，由于越南及东南亚被日本占领，滇越铁路停运，这或许对华宁陶的运输及陶瓷生产有一定的影响。新中国成立以后，经过土改运动碗窑村成立手工业小组，有窑户23户，由40位窑工参加，可是从事窑业生产的窑工数量已较民国时期有所减少。1956年的合作化运动，窑户和窑工由个体转入集体，成立了陶瓷生产合作社，这对华宁陶的生产也造成严重影响。

华宁陶的承传得益于华宁的制陶人。最早到碗窑村烧陶的窑工是明洪武年间的车朋，他的神位一直被供奉在制陶公所的慈云寺里，牌位上写着“创始本镇陶业车公讳朋之神位”。车氏家族的老宅已颓败不堪，老宅的后墙和瓦顶上爬满藤萝，墙上还密布厚厚的青苔。老屋的正面更是残垣断壁，庭院里荒草蔓延，右厢房已倾倒，一股如聊斋中野狐出没的气息扑面而

老艺人郭文锦拉坯

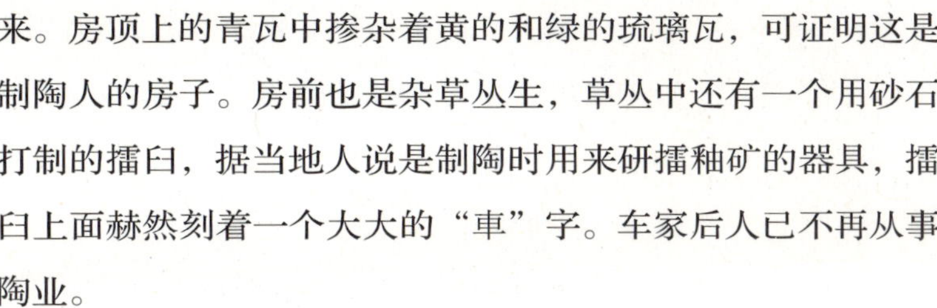

来。房顶上的青瓦中掺杂着黄的和绿的琉璃瓦，可证明这是制陶人的房子。房前也是杂草丛生，草丛中还有一个用砂石打制的擂臼，据当地人说是制陶时用来研擂釉矿的器具，擂臼上面赫然刻着一个大大的“車”字。车家后人已不再从事陶业。

范姓后人同样已不再从事陶业。走进范永祥老人的家里，一个小院连着一个小院，草木荫繁，果树飘香，鸟鸣啾啾，恰如宁州古镇的宁静平和。一组古建筑上所用的三彩雕龙瓦脊和带有记号的废弃匣钵被一起砌成花台，花台上摆着绿釉的金蟾花盆，种植着繁茂的君子兰。老人高兴地拿出家里留下的三彩鲤鱼型花插以及白釉花瓶出来给我们看，自豪地说家里留下的陶器均是出于爷爷之手。出门的时候一回头，见花木丛中蓦然有一只未上釉的素胎陶狮，尾巴已残，身上布满青苔。

在另一位范姓后裔的家里，二楼上供奉着简单的神龛，墙上贴着“天地君亲师位”等写在红纸上的牌位，神龛上摆着土公、土母、观音菩萨、文武财神等陶塑神像，是典型的华宁陶器，不知是否出自范家的窑工之手。

在高姓的一家老宅内，同样有一个神龛，神龛上摆满形形色色的华宁陶器，各种陶塑神像、香炉、净水器、油灯一应俱全。最显眼的当然还是居中的一尊观音菩萨，是三彩的水月观音，观音坐在莲座之上，风姿卓绝，一副慈悲之相。家堂（神龛）是碗窑人家表达宗教信仰之地，碗窑村生产的这些宗教祭祀用品便是提供给千家万户在神龛上进行祭拜的，高姓的传世神像可能是当时窑工把满意的留下来自己使用。

张姓是碗窑村比较著名的制陶家族，清代曾出现“技巧绝伦，被同行誉为高手”的一代制陶名家张纯粹，还有发明玻璃釉的高手张元贞。现在张家窑的窑头和窑身已毁，仅剩下了窑尾，窑砖砌成的窑墙上布满彩色的窑汗，在竹林和藤萝的掩映下充满沧桑感。张家的后人有住在窑址附近的，他们有时会把窑砖拆下来砌院子的围墙，有时也会无意从陶片堆里挖出几件陶器，我们把其中一件刚挖出不久的白釉绿彩陶杯放在挖出的地方留了一张影。

汪姓是碗窑村的著名制陶世家，在一间门头上隐约可看出“翰墨林”三个字的汪姓老宅里，居然发现有用陶制的柱础。柱础呈灯笼形，有瓜棱，施有酱、绿、白三彩釉，颈部印满回纹，肩部浮雕如意云头。柱础是中国古典建筑里最常见的物件，几乎都是用坚硬的石头所制，造型丰富。而在碗窑村，脆弱的陶器居然能支撑住柱子，让人惊叹不已。原来秘藏在于陶柱础的内部是中空的，中间用砂浆填满，柱子及建筑压在上面安然无恙。这里在新中国成立之初曾成立过一支陶器研究小组，成员全部来自村中知名的窑工，他们曾在这里钻研和交流陶器制作的技艺。

值得一提的是汪氏一族人丁鼎盛，其中汪氏第 28 代传人汪大为一家继承传统、推陈出新，他们经营的华宁美陶厂和宁州陶发展有限公司充满生机和活力。厂里的工人多是村里窑工的后人，他们在继续传承着传统的制陶工艺，努力挖掘传统陶文化，恢复传统手工艺，在保持华宁陶原有艺术特色的基础上，让当代陶艺作品更丰富、更具有时代气息。

慈云寺屋顶

大美无形　大道至简

家中的华宁陶瓶，昭示岁月，昭示那深藏在我家乡山中的文化和品位。也许，更因为它们出自我的母土，所以能在我的心中引生爱意和眷恋。知名作家张曼菱这样诉说着她和华宁陶的不解之缘："我见识和拥有过一些名陶，包括景德镇的华彩仿古、河北官窑的皇家墨器和青花瓷，以至日本瓷器、韩国瓷等。但是它们在我的心中，永远没有父亲留下来的这几个古意盎然、山之独秀的陶瓶这么顺眼、这么蕴藉温雅。"

华宁陶之美，从来就不是精湛、精美之美。她的美是无形至简、至纯、至朴的大美，是能与大自然共呼吸、与老百姓同甘苦的美。

华宁陶主要有日常的生活用具：碗、盘、酒壶、茶壶、缸、瓶、盏、花盆等等；厅堂陈设器：佛像、花瓶、香炉、香插、挂瓶、钵、灯盏等等；建筑用器：琉璃瓦、砥吻、山脊、花墙等等，涉及生活的方方面面。

云南艺术学院著名教授董万里认为，用质朴、自然、简洁、稚拙、憨厚、粗犷等词语来形容和概括最为恰当，它不同于历史上为王公贵族所用的官窑产品的高贵、典雅等气质，华宁陶以它特有的朴素的审美趣味和真挚、亲切的情感感动着我们。在当今复杂的社会环境里，在经济引导着大众的价值观念的社会里，朴实和真挚正在变得陌生，人性的自由成了理想的愿望和奢侈品。华宁陶之美首先是一种自由和健康，自由是美的本质。华宁陶的创造者们具有“自在”之心，“自在”是自然而存在之意思，他们是无名的普通工匠，没有名利的心理障碍，除了考虑制作的器物的实用和功能外，创作是自由的，不必顾及别人的评价，可以“随心所欲”，而这恰是我们许多艺术家或陶艺家们所难以达到的境界。华宁陶美的第二个特性就是它的“健康性”。华宁陶器的制作一般首先考虑的就是它的各种功能因素，因为它是以日用为主的生活用品，不管是它的制造者还是购买者，无不是从用的功能和角度去看待陶器的“和谐”因素。只有健康的东西，人们才会喜欢、去购买。华宁陶的日用品造型极为简朴和憨厚，没有造作，因为它全无刻意的表现和追求新奇和异常，它的制造者不是要所谓的个性，而是更加大众的健康的感情。只有合理、和谐，才能产生健康之美，不合理、不和谐的东西是病态的。华宁陶中的罐、油灯、瓶、汽锅等，无论从器型到装饰及把、盖、口、底、脚等配饰的相互关系都显现得如此的协调和自然，同时又是那么合理和恰当。其中表现着朴实和真诚，不时还略显稚拙，依然不离我们内心渴望的情感。

家中的华宁陶瓶，昭示岁月，昭示那深藏在我家乡山中的文化和品位。也许，更因为它们出自我的母土，所以能在我的心中引生爱意和眷恋。知名作家张曼菱这样诉说着她和华宁陶的不解之缘：“我见识和拥有过一些名陶，包括景德镇的华彩仿古、河北官窑的皇家墨器和青花瓷，以至日本瓷器、韩国瓷等。但是它们在我的心中，永远没有父亲留下来的这几个古意盎然、山之独秀的陶瓶这么顺眼、这么蕴藉温雅。”

有这样情结的“老昆明”并不少。国家一级美术师姚钟华就提到，几乎所有的“老昆明”及滇南、滇西一带人家，家里都使用过华宁陶。而在前些年头，华宁的家家户户，小到一只碗、一盏油灯，大到酒缸、咸菜罐，还有供奉观音、财神以及建筑用的瓦兽、琉璃瓦、花墙等，都离不开华宁陶。

华宁陶的这种朴实美，是外化于它的形式的，而真正能得到这种返璞归真的美，一定是经过百年悉心研究发展，是大巧若拙的最好体现。

有传说华宁窑场陶艺赛事风行一时，为比拉坯技艺的规整匀薄，把烧好的小罐丢入荷池中，要个个底朝天，浮在水中不会下沉；瓦盆匀薄到可以用手指戳穿盆底……

明清古陶

在石璋如的《云南华宁碗窑村的窑业》中介绍了华宁陶

永清陶艺工人在工作

的整个工作程序和制作工具，还有窑的结构特点。文章记载华宁陶的制作有挖土、运土、称土、晒土、泡土、踩泥、制作（成坯）、制釉、上釉、晾晒、套与装、烧、出窑、售卖共 14 个步骤。

华宁陶声名远播的必备条件是丰富的陶土资源。土的来源很近，就在碗窑村之南，县城之北的山腰上。现在的研究表明，华宁陶土主要有白浆土和泥浆土两种，主要分布于碗窑村周围的龙山、华盖山、小白坟山、大背篓山附近，陶土的成因，属内陆湖泊及滨海湖沼相沉积矿床，含有二氧化硅、三氧化二铝、三氧化二铁、氧化钙、氧化镁等成分，化学成分和物理性能都属优良，泥料无论是单一使用，还是多种配合都具备生坯强度高、干燥收缩小、可塑性能强、透气能好等工艺优点，能保持不变形，不开裂，具有较高的生坯强度、较小的干燥收缩、较宽的烧成范围，烧成后具有理想的致密度、一定的气孔率和良好的冷热急变等性能。华宁陶土泥料大大小小的团粒之间，均保持间隙和空间，在陶器成型过程中，坯体表面会高低不平，陶工们便使用麻皮、直板等工具把坯体表面的颗粒向下挤压，使坯体表面平整光滑、细腻。而坯体内壁的泥料颗粒之间相对坯体外表质地比较松散。在烧成过程中，器表容易形成较致密的烧结层，富有滋润光泽的质感，而器物内壁则具有一定的气孔率，扩大了制品烧成范围。不论是正常烧成的温度的上限或下限，陶器表皮层都能烧结，而制品内壁仍能形成气孔，使华宁陶器形成有气孔而不渗漏的特点。

过去，挖土是某种穷人的专业，非常辛苦，窑上的工匠，是不负挖土的责任的。挖土的方法，是在地下挖一条可容一人的斜洞，高1米多，宽约0.8米，逐级而下，深约5米，即见陶土。这里的地层，上层是黄沙，下层为陶土，见了陶土若干深度之后，便要横挖，而不再挖斜洞了。陶土方挖出来的时候，是深灰色的泥块，颇富胶性，干透了成青白色。等着洞旁的土半干后，再由洞旁运到厂主的泥塘旁，堆成一堆。运土是用竹撮箕的，男女一齐出动，本来两处的距离没有多远。他们工作的分配，是早晚挖，白日运。

挖出来的土，论斤称，称好后进行晒土，然后再倒入泥塘浸泡，土泡好后即可踩泥。踩泥也是用水牛，牛踩之后，继之人踩，人踩是要把牛的蹄痕弄得更平一点。踩好的陶泥在做坯之前要经过陈腐，使其充足吸取水分，彻底分化裂解，增强可塑性、减少成型时的开裂，泥料陈腐时间愈长，所制陶器质量愈好。陶工用泥浆水浇在湿泥块上，并用稻草等物覆盖，以保持一定的温度和湿度。陈腐之后的泥料，还需经过反复的揉搓和蹬搓才更有韧性，容易拉坯制胎，如同做手工面条一样，面揉得时间越长，擀出的面条越柔韧筋道。据说古时宁州陶工往往会为后代存泥料，有的陶工号称家藏有三代以前的“宝泥”。

接下来，才进入正式的陶器制作程序。首先是拉坯。过

❶凉　坯

❷成　品

去拉坯需要两个人合作，一个人揉泥踢盘，一个人做器。现在有了电，一个人就够了。拉坯成型的方法有很多，常见的是拉坯和塑坯。拉坯主要是针对碗、盘、瓶、罐等圆器。整个拉坯过程在不经意间一气呵成，心要正、眼要准、手要稳。碗窑村每姓制陶的工匠都有自己拉坯的绝活，对各种器型的弧度、薄厚和拉坯过程中的诀窍都烂熟于心，可谓化腐朽为神奇。另一种成型的方法叫塑坯，用来做不规则的器型。主要是用堆、捏、搓、雕等方式来做出所需的器型来。陶坯上釉之前必须放到晾场上自然风干，在风干过程中要经常对陶坯进行翻晒，晾好后的陶坯要放到贮坯室储藏。

董万里教授认为，华宁陶的重要个性“自由”在拉坯这个环节表现得淋漓尽致。无“自在”之心是难以表达“自由”之情的，只有“无为”才能“无畏”。“无为”之心在华宁陶上表现为一种洒脱。工匠们在制作时内心的自信、投入和对所造物的认识和理解成了“自由”发挥的基础。“自由”的第二方面表现在民间陶瓷的创造者在制作技巧上的

老艺人汪靖康试釉

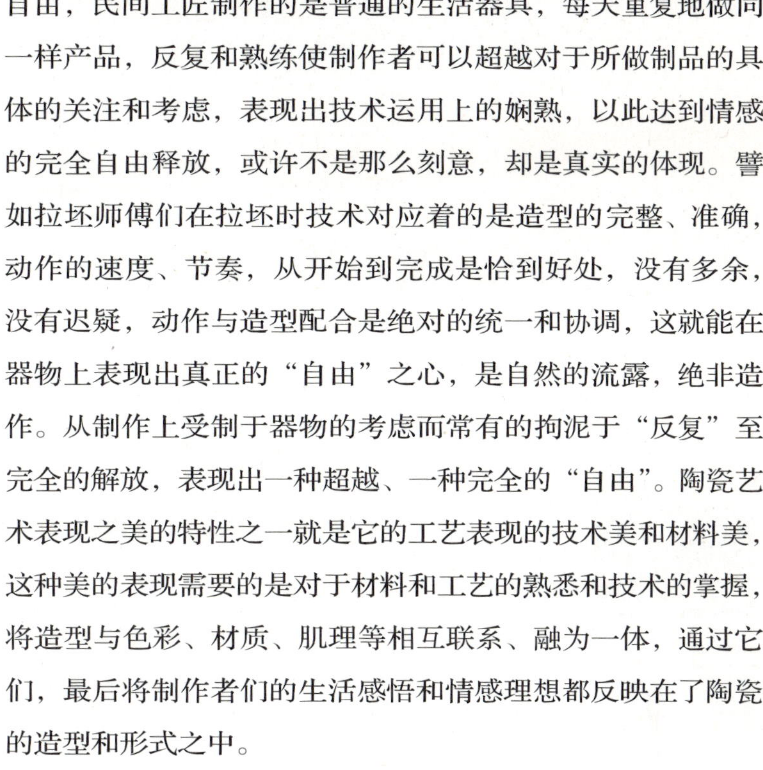

自由，民间工匠制作的是普通的生活器具，每天重复地做同一样产品，反复和熟练使制作者可以超越对于所做制品的具体的关注和考虑，表现出技术运用上的娴熟，以此达到情感的完全自由释放，或许不是那么刻意，却是真实的体现。譬如拉坯师傅们在拉坯时技术对应着的是造型的完整、准确，动作的速度、节奏，从开始到完成是恰到好处，没有多余，没有迟疑，动作与造型配合是绝对的统一和协调，这就能在器物上表现出真正的“自由”之心，是自然的流露，绝非造作。从制作上受制于器物的考虑而常有的拘泥于“反复”至完全的解放，表现出一种超越、一种完全的“自由”。陶瓷艺术表现之美的特性之一就是它的工艺表现的技术美和材料美，这种美的表现需要的是对于材料和工艺的熟悉和技术的掌握，将造型与色彩、材质、肌理等相互联系、融为一体，通过它们，最后将制作者们的生活感悟和情感理想都反映在了陶瓷的造型和形式之中。

华宁陶除了造型美观外，更重要的是釉色宜人。配釉和施釉的工作举足轻重，施釉前先配釉，配釉的原料通常是老沙、泥浆土、柴灰、紫釉土、绿矿、铜矿、铅矿等几种料子。料备好后用专用的缸来澄清釉浆，即把粉碎后的釉料分别用水浸泡，然后用锄头搅化成为浆水，经过澄清后，用木瓢将浆水舀到制备好的缸里存好。上釉因器物的形状不同，而其方式也不同。上完了釉之后又要晒，成分的干燥，是坯子必要的条件，所以每一个作坊，都需要一个晾场。晾好的器物，要收藏起来，同时也要一个贮坯室。

接下来就是烧，这是凤凰涅槃的重要时刻。今年，一位在华宁做陶几十年的朋友，偶然间拍到一张窑火如凤凰形状，从火眼中蹿出的照片，让人好不激动。

以前华宁大多是柴窑，也叫“龙窑”，其外观好像正在爬坡的龙身，一节一节顺地势而建。下面烧火的口，叫窑头，上端的出烟处，叫窑尾，中间装货处叫窑仓，或砖。烧火是由下而上，也可以说由头到尾。

施酱釉或黄釉的水缸、酒缸、咸菜罐等粗陶，表面粗糙，呈酱褐色或暗红色，往往只烧一道便可。细陶则要烧两道，一道称为烘坯，即把素坯晾干后，先烘烤一道。烘坯可有效防止“炸坯”事故的发生，烘坯不能直接用火烧，只能利用窑的烟囱头一仓内，利用前面的余火和烟来烘干。由于坯体在烟囱口中，器物上往往留有黑灰，要先刷去黑灰，才能上釉。

细陶烧第二道要充分地利用窑具。窑具主要是匣钵，分两种，当地人称盘和敦。盘的中间有高起的把，器物便围绕把来放置，一般用泥垫垫住。第二个盘装在第一个盘上的把子上。盘一般用来烧制瓶和罐等大件器物，碗和一些小件器物则用敦来装烧。敦的样子像一个盆，四周各有一个圆孔，可以进火，底比口大，上一个敦的底盖着下一个敦的口，易于稳固。装好的器物即可放入窑中，窑内有陶制排桩，桩上先叠放几个敦，再放几个盘。器物的装烧很有讲究，师傅往往要考虑如何安排形状各异的坯体到合理的窑位，考虑陶坯摆放窑位的窑温变化，这也是一门高深的学问。匣钵无论是盘还是敦上面往往模印有各家的记号，碗窑村现存有汪、车、彭记、向、张、杨记、范、公记等匣钵的残件。

陶坯入窑后便把窑门封起来，窑门上留出投柴孔，也叫火眼。烧窑的时候从窑头烧起，用云南的松木做柴，柴要劈成条形，小巧，方便。烧窑的过程中要连续不断地从投柴孔中投入木柴，以保证窑内温度。烧窑的时候还要用火铗和火钩不断翻动柴火，往往一窑陶器要三天四夜才算烧完。

华宁陶烧成温度在1160℃~1220℃之间，烧窑的工人是分班轮流的，每人数眼，即休息一次，因为烧火不但受火的烤炙，而眼睛望着熊熊的火焰也是受不了的。一点起火来，昼夜不停，一气要把它烧完。停火后，要先让龙窑散热冷却。经过三天的散热，窑内的温度不高了，便可以出窑。出窑搬运的时候要把匣钵和器物全部运

出来，然后把陶器和窑具分开，窑具放一边，成品放一边。再对成品进行挑选，看陶器器型是否完整、是否规整，色釉的质量能否过关，发色好不好，是否有缺釉或脏釉的现象。残品率如从烧窑起算，有 5%~20%。石璋如先生 1939 年调查时，据窑工们自己统计，“单就饭碗来说，由盘上捏碗，到铺子去卖，能保持 70% 的成货，成绩便算很好的了，因为碗的损耗最大”。成品挑选好后便运到铺子里去售卖。

古时的柴窑，延续了几百年，窑工们分工协作，摸索出一套成熟的制陶方法。当时大件之器，已经能够烧出一米三四高的大香炉、宝顶。奇巧之作要数郑家：会喝水、拉尿的小马，漂水的蛤蟆等，都出于其手中。但陶塑做得好的还要算“三老倌”：什么狮象鹦鹉、佛手坐鱼、八仙神道，无不奇巧神肖。上海人民美术出版社出版的《中国陶瓷全集·云南玉溪窑》卷中，就收集了出自他手中的一件白釉大坐鱼残器，气势博大，生动极了！表现出作者不凡的陶塑才能，和超凡的驾驭泥釉窑火的能力。此外善陶塑者，还有龚家和李智云等，他们都为后代留下了不少好的作品。

而今，华宁不少窑厂都选用煤窑和电窑，温度好控制得多，成品率也高得多，更重要的是在产业发展方面积累了许多经验。

神奇的陶釉只是一次偶遇

由于绿釉朴实无华、清丽动人，高家始创的绿白釉陶开始风靡一时。父亲认为女儿一片孝心感天动地，感于所有陶工生活之艰辛，便将绿白釉技术无偿地传于众陶户，迎来了碗窑村制陶历史上的一个鼎盛时期。

“新兴姑娘河西布，宁州的陶器烧得绿。”这广泛流传在云南乡镇坊间的民谣，所说的宁州陶，就是享誉滇中，为云南人所钟爱的华宁绿白釉陶。

这种陶釉，表面呈现丝绢一样柔美的光泽，呈色鲜亮而含蓄，绿釉因流动而有浓淡不同的变化，加上自然流垂极富动感的釉珠，它们与半截施釉露出的坚实胎体巧妙对比，相辅相成，绿白釉陶自然呈现出一种难以言表的风采，用句云南人的老话来说叫“化央央”，这好比冰糖似化非化，甘甜荡漾于人心的感觉。

华宁陶的釉是玻璃釉，最先是用山东的蓝熔块来配制的。所以，华宁的玻璃釉应该是先有蓝釉，绿釉在后。后来发展到用玻璃替代熔块，用华宁牟珠山的碗花代替氧化钴，烧出了漂亮的蓝釉，使成本大大降低。玻璃釉就此由郑家开始，而后经张家发扬并流传开来，成为华宁后期又一大量烧造的陶瓷产品。

关于绿釉的发明，老技师汪兴云讲了一个故事：汪姓始祖汪大奎系江西景德镇人，明洪武年间随沐英征平云南而来到碗窑村，他的曾孙汪国柱娶高姓姑娘为妻。高氏因为娘家生活困难，有一天回家，他把平时省吃俭用留下的私房钱准备带给父母表示孝心。到家发现丈夫家的人也在家中，情急之下高姑娘将铜钱丢入父亲配釉的釉缸中藏起来。过了几日，高姑娘把铜钱捞起时才看到铜钱布满了绿色的铜斑。更为神奇的是高家本来已经配制好白釉的釉水，上在陶器上烧出了绿色。这是烧陶以来碗窑村从来没有出现过的现象，父亲急问之下才知道自己的女儿曾把铜钱放入釉缸中，才知白釉中加入铜汞，在氧化过程中会呈绿色。由于绿釉朴实无华、清丽动人，高家始创的绿白釉陶开始风靡一时。父亲认为女儿一片孝心感天动地，感于所有陶工生活之艰辛，便将绿白釉

茶叶末釉

技术无偿传于众陶户，迎来了碗窑村制陶历史上一个鼎盛时期。

酱釉在云南的使用历史很长，宋代就有酱色釉的釉陶，元末明初的玉溪古窑中也出土了许多酱釉瓷的标本，与青花瓷同时代的墓葬中有时也有酱釉器出现。在清代的颜色釉瓷器中，酱釉仍然很多，尤其是水罐、水盆等器物多施酱釉，香炉也常施酱釉。酱釉主要有透明和不透明两种，透明的酱釉光润亮泽，清澈见底，往往可以清晰地看到胎土的细节。

华宁陶的蓝釉有的深沉浓郁，有的幽蓝青翠，色彩鲜艳，常用于装饰那些带铺首或带兽耳的仿古铜器。蓝釉瓷器胎釉结合好，色泽光润，古雅端庄。有的蓝釉浅似绿色，有的透明质感很强，施在

成品

器物上，薄的地方色浅青，器底则由于积釉太多，呈现深蓝的宝石光泽，并出现美丽的开片。蓝釉据说由郑姓发明，曾经风行一时，远近闻名。那时，众陶户都想烧出这种釉色的陶器，虽经多次试验，不获成功，而郑姓又不传与他人。因此，发生了下面这样一个有趣的小故事。据老技师汪之鹏说：有一天，窑户们查实了郑姓关门在家配制蓝釉，于是抬了一架梯子从郑姓屋后爬上屋顶去偷看，恰好那姓郑的告诉妻子说："今天早上的米汤留下来配釉，莫把它倒了。"后来，众陶户便照此法配制蓝釉，获得成功，一直传到现在。

华宁陶还有黑釉，黑釉器数量不多，但质量很高，近似景德镇的乌金釉，这是一种非常纯正的黑釉，光润透亮，色黑如漆，并带有金属光泽；铜红釉，或可称为紫金釉，这种釉追求仿钧釉红的效果，主要用于香炉、瓶等仿古铜器的器物。应该是从酱釉中发展起来的，追求铜质效果，深沉的宝石红中带有点状、条状的黑色，层次丰富，并且有钧釉的垂流感，非常瑰丽，光亮灿然；青釉，一种透明的青釉，青中略带一点绿，清澈见底，玻璃质感很强，开片仿哥釉的效果，很好地阐释了"古瓷尚青"的精神；豆青釉，或

者叫粉青更适合，不像翠绿色那样绿，而是青中带粉润的效果，青中略有一点点的蓝，出现柔和淡雅的玉质感，但釉面有时会出现金黄的光泽。

彩釉主要以“三彩”为主，“三彩”是民间的一种叫法，主要是以酱釉、绿釉、白釉三种釉水施在一件器物上。一般先在器物上施白釉，然后再根据需要局部施绿釉或酱釉形成三彩效果，用得最多的是瓷塑神像、“寿”字瓶、净水碗等。比如土地公，除面部外先施白釉，再把身上的内袍施绿釉，最后把外袍和帽子施酱釉，只留下胡子、衣角、领口和台座为白釉。酱、绿、白“三彩”体现了土地公丰富的层次感和立体感。如鱼莲净水碗，先全身施白釉，然后把莲花内瓣和莲秆、水波施绿釉，鱼嘴和鱼脊施酱釉，最终形成层次丰富的三彩效果。

“三彩”在实际应用中也会有所增减，有时利用酱釉的色阶变化，做到五彩，如水月观音像，脸部、风兜、长衣等为白釉，莲座为绿釉，胸前璎珞为酱釉，衣领和飘带为黄釉（浅酱釉），头发眼珠为黑釉，水月观音便成了五彩观音。

成　品

有时“三彩”也会减为两彩，如把瓷塑神仙和建筑瓦上的神兽减了白釉，只用酱釉和绿釉。而最典型的两彩要数白釉带绿彩，在月白釉瓶、罐类器物的腹部上几点绿彩斑，彩斑有的像叶片，有的像彩带、云霞，在浸润，在流淌，使静态中出现动态。白中带绿的效果非常像本地所产的一种野生菌“青头菌”，会不会是窑工们把生活中的元素融入瓷器生产中呢？有的绿彩遍布器身，使得瓶身宛如满天云霞，随风飘散，宛转流动；有的还掺以其他颜色，呈现瑰丽的色彩，潇洒自然，别有风韵。

华宁陶的窑变很有特色，釉均为高温釉，施釉时先施一层基础釉，一般为月白釉，然后在上面施绿釉或其他色釉。由于施釉非常肥厚，在高温状态下，釉面会熔化、沸腾，底釉和上釉均自然流淌、相互交融，出现了神奇的窑变效果，有时白釉上的绿彩也会变成紫、红、酱、黑等色彩斑驳的效果。同时铜红釉（紫金釉）、绿釉瓷器也会有类似的效果。这主要是仿宋代钧窑的效果。明末清初，江苏宜兴、广东石湾、江西景德镇等地均追求这种均釉窑变的效果。

完整单一的瓷器上出现破裂的纹片，这本身是一种缺陷，可到后来变成窑工们人为追求的效果。宋代的哥窑、官窑中已掌握了这种技术，后世更是仿制较多。开片能很好地体现瓷器完整中残破的美学效果，华宁陶就是这种仿制哥窑、官窑开片效果的窑场，几乎绝大多数器物都有开片。因为釉质肥厚，而开片往往是因为胎和釉的膨胀系数相差太大，特别釉的膨胀系数过大，釉层太厚，在冷却时，釉层出现开裂现象，但由于器物的胎釉结合很好，所以胎土并不开裂，釉层不会剥落，也不会划手，不影响使用，这种仿哥釉、官釉开片的效果使华宁陶更美观和漂亮。

堆贴是一种陶瓷装饰工艺，用手捏或模制的人物、动物及其他主题的造型有规律地粘贴在器身上烧制。华宁烧

制陶车间

制许多仿古铜器的造型，故堆贴技法使用很多。一类是耳的装饰，常见螭耳、狮子、象耳等，均堆贴在器物颈部，比如瓶、罐、汽锅、甑子等。另一类是器物的铺首装饰，这些铺首就是先捏制或模制而成，再把它粘贴在器身上。此外，有的器物身上有松、竹、梅的装饰，也是堆贴在器物上施釉烧制。

老辈人的说法和华宁窑址残片所显示的一样，绿白釉陶是先有乳浊白釉和白釉飞青的制作，而绿釉是晚些时候才出现的。它是一种用“老沙”等当地原料，配合山柴灰（当时的灶灰），石灰浆制成的乳浊钙釉。根据 1992 年对样品进行电子探针测定的结果来看，其乳浊肌理，主要得益于釉组分中磷的存在。这与四川邛窑相类的乳白釉产品相似。类似的乳白釉飞青产品残片，在易门也有发现，但变形严重，且数量不多，与华宁绿白釉陶成熟定型下来的先素烧、再上釉的两次烧成工艺明显不同。这似乎说明了华宁陶工正是通过这样的改进，克服了碱性坯体上釉易剥落，烧成变形大的难题而得到发展，占领滇中市场，成为云南风光一时的名特产品。

获奖作品

配釉的原料配制的比例，是各个厂家的秘密。料备好后用专用的缸来澄清釉浆，即把粉碎后的釉料分别用水浸泡，然后用锄头搅化成为浆水，经过澄清后，用木瓢将浆水舀到制备好的缸里存好，这时不能有任何杂质掉到釉缸里，否则会影响陶器烧成的颜色。没有进窑烧制以前，掺了柴灰的釉汁流露着几分灰白色。古法配釉，窑工都不用器物搅拌釉水，因铁、木制器物都有可能与釉水发生化学反应而影响品质，更主要的是无法看出釉水的真实情况。窑工光着膀子用整只手臂搅拌釉水，把手拿出来一看便知釉水的情况，“倒毛——太稠，立毛——太稀，线粗——太浓，断线—太淡”。意思就是手上的汗毛紧贴皮肤为釉水太稠，汗毛直立为釉水太稀，釉水从手指滴落的线太粗为釉水太浓，缕缕成丝状滴落的线为太淡，再根据情形对釉水进行调配。

可惜的是，长期以来，历史悠久、品类繁多、釉色丰富的华宁陶似乎只存在于“老昆明”那一辈人的记忆中，百分百循古法做釉，几乎是不可能了。不过庆幸的是一批当代华宁陶已经渐渐成熟，摸索出了华宁釉的新天地。

李自轩是与泥巴、烈火、陶釉打了一辈子交道的民间工

艺大师，华宁陶产业的带头人，如今华宁陶界的标志性人物。

在华宁土生土长的李自轩，17 岁时到华宁县陶器合作社当上了一名工人。“这是一个让人羡慕的职业，有固定的收入，工作就是玩泥巴。后来嫁给了汪培祖，他比我大 4 岁。他是碗窑村的人，祖祖辈辈都是陶匠。”也许是受丈夫影响，也许是在陶土里感受到艺术的召唤，李自轩对华宁陶的感情越来越深。1980 年 6 月，李自轩到广西钦州参加全国美术陶瓷设计班的学习，三个月的学习让她眼界大开，对陶器知识有了进一步的了解。她发现，华宁陶中最精湛的工艺不是陶器的器型，而是陶器上那层薄如蝉翼、独一无二的绿白釉。

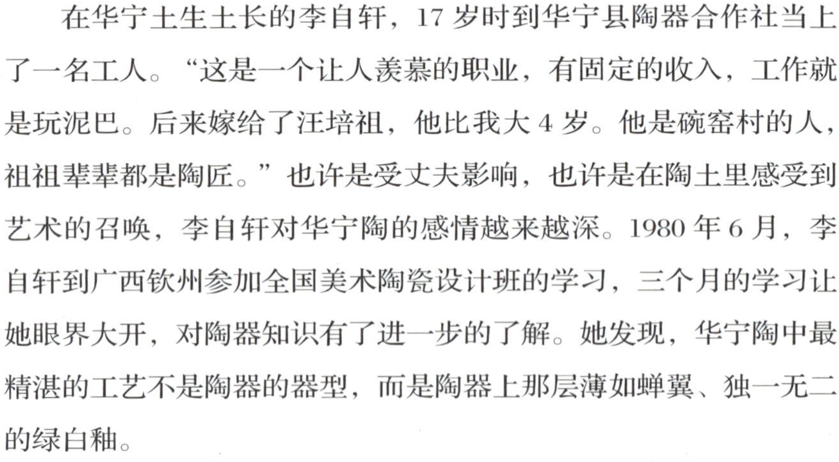

在华宁几百年的制陶史上，制陶的技艺是传男不传女的，而配釉的秘方更是秘密中的秘密。历史给了女人一个机会，在 20 世纪 60 年代那个狂热时期，越是身怀绝技的人越像“十恶不赦之徒”——恨不能将所学全部吐出，以此救赎自己的灵魂和肉体。只

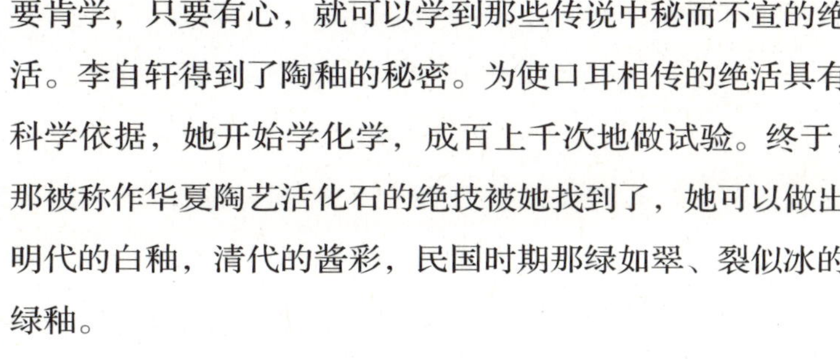

要肯学，只要有心，就可以学到那些传说中秘而不宣的绝活。李自轩得到了陶釉的秘密。为使口耳相传的绝活具有科学依据，她开始学化学，成百上千次地做试验。终于，那被称作华夏陶艺活化石的绝技被她找到了，她可以做出明代的白釉，清代的酱彩，民国时期那绿如翠、裂似冰的绿釉。

1980 年，李自轩参加由轻工业部在广西钦州举办的全国性的陶瓷培训班的学习。当时参加这个培训班的人来自全国的 16 个省市，李自轩是其中之一，也是来自云南省的唯一一名学员。但是在全班的 36 位学员中，她的文化程度也是最低的一个。讲课过程中是按照全班平均的水平进行讲授，对于仅有小学四年级文化程度的李自轩而言，其难度是相当大的，打退堂鼓吗？李自轩不是一个轻易服输的人，于是在课堂上，老师讲的很多的内容及术语李自轩根本记不下来，甚至连化学周期表也不认识。她为了能够学到东西，掌握老师所讲的内容，就将班上 36 位学员的 12 本笔记借回来抄，一点一点地补抄完。就这样，在为期近一个月的学习中，李自轩愣是用蚂蚁啃骨头的精神将所学的内容一点一点地啃了下来。

化学周期表都不认识的李自轩，几乎无法听懂老师所讲的有关配釉的内容。为了能够记住化学元素周期表，她准备了很多的小纸条，小纸条的一面写上化学元素的名称，另一面再用注音注出某个元素的读音，一有空就拿出来看看，默默地背记。就是通过这样一种看似很笨拙的方法，却是最有效的方法，李自轩记住了化学元素周期表。

李自轩不仅勤于学习、肯于钻研，同时她还是一名能干的企业家。1981 年底，其丈夫汪培祖等带着二十余人利用化肥厂的旧址，也就是今天白塔美陶厂所处的位置，投资 27.3 万元新建了一座陶器厂，作为华宁陶器厂的一个

制陶人汪肖红修坯

分厂。1984年改名为华宁陶器二厂，李自轩也在这一年被借调到了华宁陶器二厂，担任副厂长，并负责配釉技术、产品的销售等。1987年华宁县在陶瓷厂开始搞个人承包、投标的试点工作，李自轩与丈夫汪培祖一起参加投标，并竞标成功。1989年，国营华宁陶器分厂面临倒闭，很多华宁传统的制陶工人都扔掉泥团，离开了窑厂。华宁人也开始渐渐淡忘了记忆中那绿釉的光泽。只是李自轩还在坚持。她认为任何时代都不会拒绝美好的东西，华宁绿陶总有一天会被市场发现。凭着专业精神和一股子不服输的韧劲儿，李自轩与丈夫汪培祖一同艰难守望、筚路蓝缕，终于让国营陶厂起死回生。大批老艺人回来了，不少青年人愿意来此学习手艺了。

1990年，华宁陶器二厂更名为华宁古建筑美术陶器厂。在汪培

祖、李自轩的带领下，陶厂的经济效益一年比一年好。2000年李自轩获得了全国劳动模范的称号，而这个称号的获得可以看作是对李自轩办厂并取得良好业绩的一种肯定。2001年，汪培祖任董事长、李自轩任总经理的华宁白塔山陶厂成立。坚持规模化生产建筑用陶，完成了资金积累，投入大量资金加快研制和开发民用陶、工艺陶，让古老的陶艺在新时代焕发新的光彩。在精明的李自轩的经营下，白塔山陶厂目前已是云南名声赫赫、活力四射的一家民营企业。

在发展陶瓷厂的过程中，李自轩倾注了其全部的精力。她每周都要推出一个釉色的新品种，并介绍给顾客。现在，买家们选购华宁绿陶，都要千方百计购买李自轩的作品。一枚小小的、刻着“李自轩”三个字的印章一旦盖在待烧的陶泥上，那泥就不再是普通的泥，这样的泥有了身份，也就有了身价。如果窑变得精彩，那将是无价之宝。

陶醉于这方乐土

当初来到华宁，这个地方给我留下的印象仿佛碎陶片一般，总是不够完整。但拾起记忆的碎片，却也会泛出熠熠发光的釉彩。人有时会陶醉于过去的记忆，更想让记忆清澈一些，于是我又多次到过华宁，阅读了更多如净水器般美轮美奂的华宁陶，也结识了不少陶醉于这方乐土的人。

净水器，在成千上万的华宁陶遗珍中，这是一件特别的器物。它是佛教供器，在华宁的许多人家都有，每每看到它，就让人联想起宁州老城中的安逸生活，仿佛和蔼的老奶奶正面带笑容，早起敬佛添水。净水器造型匠心独运、构思巧妙，碗都做成莲花状，三条鱼从水中跃起托住莲花碗。鱼的身子细长挺拔，酷似玉溪抚仙湖的特产“抗浪鱼”，是窑工们把现实生活和艺术加工结合起来创造出来的。有的三条鱼是尾部托碗，头部朝下的。还有一种是一条鲤鱼用头托住莲花碗，鱼身扭动跃起，动感十足。还有就是三条古枝托住莲花碗，古枝苍老遒劲，又或似一条抽象的螭龙。最简单的净水碗就是高足莲花净水碗。

当初来到华宁，这个地方给我留下的印象仿佛碎陶片一般，总是不够完整。但拾起记忆的碎片，却也会泛出熠熠发光的釉彩。人有时会陶醉于过去的记忆，更想让记忆清澈一些，于是我又多次到过华宁，阅读了更多如净水器般美轮美奂的华宁陶，也结识了不少陶醉于这方乐土的人。

汪大为是李自轩的儿子，华宁白塔山陶器厂的继承人，在省里读过专业的艺术学校，着迷于华宁陶的收藏和研究，手上的活计他远不及父母精深，但对华宁陶的价值却有全新的认识，对陶厂经营也有不同的规划和方向。有这样一个热爱华宁陶的传人对于李自轩来说是件幸福的事情，毕竟一番家业、一世绝技、一生情缘可以代代相传。

汪大为酷爱收藏各处各样的华宁窑陶器，一来是自己赏玩，二来是为华宁人留下点东西，三也是要研究创新，以利今后的生产。他说碗窑村里以前每家都存有不少陶器，房顶上有造型各异的瓦猫，神龛上有老祖宗留下来的观音像、灶

碗窑村遗址牌坊

王像，甚至连老房子的木柱子也是支在陶柱脚上的。可惜近年来，华宁碗窑村的名气不胫而走，许多人家收藏的好陶器都被文物贩子一遍又一遍地来淘走了。在陶厂的库房里，我们见到众多的香炉，这是陶厂里生产最多的小物件。一个小圆碗的底座、一个三足的香嘴，好几百年了，它的器型没有什么大的变化。在母亲这里，绿釉的绝技是保留了，但是诸如鱼莲花净水盏、竹耳饭甑这样的东西，还是失传了。现代的陶艺大师又如何延续华宁陶的经典呢？

华宁县城有一家茗泉轩茶室，在茶室的三楼上有一个民间的私人藏馆，叫作“宁州陶艺术馆”，由云南著名画家姚钟华先生题写馆名。艺术馆有两个展厅，左面的一间展厅典雅温馨，青砖砌成的矮墙把房间分隔成几个小小的空间，每间均放置古朴的木茶桌，阳光从陶瓦砌成的窗户里投进斑驳的光影。坐在茶桌旁，品着普洱茶，谈着陶艺，品茗用的正是馆主精制的“宁陶坊”茶具，看着青砖墙上镶嵌的展柜，上面陈列着的华宁陶的古陶精品和现代陶工艺品，让人感觉是那样的快意而随和。

复烧的古窑

右面的一间展厅则采用封闭式陈列，人工光照明。同样和左面展厅一样的红色的瓦顶，展柜和展墙用青砖砌成，融入了古龙窑窑室的空间元素。展厅中央有一个复原的窑址地层堆积，而展柜上则摆满了形形色色的古代华宁陶器精品。几百件精美的华宁陶器全部是馆主汪大为的藏品。除了一小部分来自家传外，绝大多数均是他煞费苦心，从各地的古玩市场和乡间农舍中搜罗而来的。他作为华宁汪氏窑业的第28代传人、宁州陶发展有限公司的总经理，收藏和展示华宁陶的目的在于传承陶文化。

现在几家大的华宁陶厂生产的陶器中有很大一部分都是建筑陶、瓦片和青砖，还有各色琉璃构件，堆成小山似的。从制作上，工艺流程一样，价格却很低廉。青砖、彩瓦几毛钱一块，大一点的琉璃构件也就几块钱一个。只有极少数工艺陶真正可以达到艺术品的境界，价值上千元或者上万元。无论什么功用的陶器用的都一样是华宁的泥土，陶土资源是一天天少了，有一天身后的山上陶泥满足不了烧砖需要的时候，每个拉坯的人是否还会有饭吃，华宁的工艺陶还会有那么大的名气吗？这样大批量的生产只是为了维持陶厂的正常运作，还有一部分很廉价的生活陶是为了保证老百姓的日常

所需，而真正的精品，真正能够传世的陶器只是数千数万分之一。华宁陶必须进行保护性开发，汪大为正和他的朋友们一起创制华宁陶中的精品陶，发掘借鉴传统工艺，将日本陶、台湾陶精品的制作方法引进华宁陶烧制中；与艺术家交流合作，提升华宁陶的艺术价值；与云南茶文化，时尚的香道文化结合，创作全新功能与用途的华宁陶器。

舒文照和他的华宁舒氏陶艺有限公司，也是近年来将华宁陶推向旅游市场的成功者之一。舒文照出身于华宁县青龙镇紫马龙村委会母坝冲的一个农村家庭，自小跟随父亲在瓦窑上生活，在泥堆里自小就捏制一些小泥人、小动物。本着对陶艺的痴迷，他考取了昆明纺织工业学校绘画工艺设计专业。毕业后被分配到了华宁轻工系统的华宁县美陶工作，从此又跟泥巴结下了情缘，开始了陶艺制作与设计工作。

2001 年由于国家体制改革，舒文照被分流下岗了，当时的铁

❶ ❷ 华宁陶

❸ 牡丹大缸

饭碗被打破了，内心也受到了重创。当时心情也很失落，于是他到红河州弥勒县做了一年的绿化树苗培植工作。然后又到云南艺术学院进修一年，再度回到华宁，创办了华宁第一家艺术画廊，学生美术培训班。舒文照本人心思一直都不忘跟陶艺结的情缘，有一点空隙时间都花费在陶艺的研究上。经过五年的实践经验，在有关专家的指导下，终于研制成功了1180℃亚光黑陶。便于2006年成功注册了华宁县宁州舒氏陶艺有限责任公司。公司的建立，主要以传统的手工制陶为主，华宁宁州陶器历史悠久，有“陶乡”的美誉，其土质纯净细腻、密度适中，烧制的器皿坚实耐用、色泽协调、轻扣发声、清脆悦耳，公司研制开发的1180℃亚光黑陶有黑如漆、声如馨的说法，曾被誉为“华夏古陶活化石”。华宁宁州陶瓷经过六百余年的发展，产品逐渐完善，资源也比较丰富。产品主要取当地得天独厚的陶土为主要原料，以独特的堆、雕、缕、刻、画、刮等技法，使其产品独树一帜，具有鲜明独特的地方特色和古朴的艺术风格。

公司以生产工艺陶和生活陶为主，产品已发展到8个系列上百个品种，年产值达500多万元。到2015年扩建工程完成后，企业生产能力将在现有基础上翻两到三番，年产值将达1500万元。目前，舒氏陶艺已在北京马陵道、上海虹桥机场等处设立了20多个销售点。按照舒文照的设想，今后，企业将在国外开设不少于5家专卖店，让华宁陶冲出国门、走向世界。

戴云明是华宁沁心陶艺工坊的主人。他的童年是在父亲的陶窑里玩泥巴度过的。从玉溪师范学院工艺美术系毕业后，他进入当地一家陶器厂工作，边打工边学制陶。2011年，戴云明倾尽家里的60万元积蓄，创办了宁州沁心陶艺工坊，主营华宁黑陶和釉陶。经过3年的发展，如今他的陶艺坊年营业额已超过300万元，产品一直供不应求，客户遍布全国及港澳台地区。2014 年初，戴云明带着他的华宁陶去新加坡参加“春到河畔”活动，受到极大欢迎，不仅陶器全部脱销，他也收到了众多海外订单。“我们现在面临的最大问题，就是产量跟不上销售。华宁陶制作工艺繁复，对陶艺师的技术水准要求苛刻。今年我们不仅新建了生产线，也从艺术院校招入相关专业的学生，尽量把华宁陶规模做大，知名度做响。”戴云明说。

沁心陶艺工坊的彩雕黑陶是华宁陶中的特立独行者。彩雕黑陶采用全手工工艺制作，雕刻精细，造型美观大方，集合了藏传尼西黑陶工艺、纳西雕花填彩手法和云南重彩画等表现形式，是云南独特的一种民族工艺品，也是云南印象的一个深刻记忆。彩雕黑陶产品以云南少数民族文化习俗、文化符号、宗教礼仪以及他们顶礼膜拜的精灵、图腾、民间艺术和丰富的人文景观为素材，选择色泽鲜艳、环保不褪色的专业原料，以手工雕刻、手工彩绘云南重彩的方式表现于黑陶艺术形体上，精心刻画人与自然的和谐，构成独有的、极具代表性的云南民族艺术风格。其黑陶工艺品在烧制过程中温度达 1150℃，而且透心黑。

戴云明开发研制的黑陶工艺品力求用系列化的视觉符号，讲述着中华民族文明史和经典人文，把中华民族博大精深的传统文化和云南独具魅力的少数民族风情灌注到产品中，赋予了产品深厚的文化内涵和高端的艺术品位。并结合地域文化和现代工艺技术，着力挖掘和继承华宁传统产业的特色和文化底蕴，引进新工艺、新设备，扩大生产规模，使生产过程缩短，产品质量提高，对产品不断创新，融入云南民族文化元素、中国民族文化元素，结合华宁陶传统工艺和县域文化，生产具有云南民族特色的普洱茶包装、旅游民族艺术陶瓷产品，仿玉溪窑经典青釉青花瓷与传统宁州陶等产品，极大地丰富了民族特色文化陶工艺品市场，为华宁经济的发展、旅游事业的进步起到了积极的促进作用。

来自大理的胡文森、胡文杰哥俩一年半前在华宁白手起家，创立“古月窑”。毕业于玉溪师范学院的哥哥胡文森将自己大学所学专业知识运用于实践，哥俩另辟蹊径打造具有本土特色的陶艺和民族风的小陶艺品。

还有那么一些人，他们不做陶，但是在陶的故事里。小到微博短信，大项目融资，他们总是尽自己的力量源源推手不断。如同上述这些爱陶、痴陶的人，华宁有一大拨，正是因为他们的参与，华宁陶才发展到今天。

孔雀蓝釉花瓶——荷清玉莲

一颗产业明星冉冉升起

2013 年华宁县陶瓷产业工业总产值达到了 1.5 亿元。共有制陶企业（作坊）49 户，建成各类窑炉 100 余座，从业人员 1600 余人。目前已有省级工艺美术领军人物 1 位、省级工艺美术大师 2 位、市级工艺美术师 5 位。

对爱陶和制陶的人来说，“窑变”是个古老而神秘的词，什么是“窑变”？各有各的说法，没有统一的定义。凡是开窑后得到的产品，在色、彩、形、音、质等方面发生引人注意的特异变化，既说不出原因，又不能在生产中重复其结果者都称之为“窑变”。在开窑之前，一切都不可预测。

近一两年华宁陶在市场上升值非常快，最好的物件售价往往高达万元。“素三彩”绿、白酱和绿白的雅致被人们重新认识。时间让华宁陶重生了一次，以前那些平凡的物件在岁月之火的煅烧后醒来，已经产生了“窑变”，成为工艺品市场的新宠。苦心收藏华宁陶的人越来越多。虽然人们收藏华宁陶的初衷各有不同，收藏的心境有所差异，但有一点是共同的，那就是他们认为华宁陶具有很强的文化和艺术魅力，这种魅力感染了收藏者。人们除了看到华宁陶丰富的文化内涵和精美的艺术创造外，还看到了它的投资价值和升值空间。

玉溪市博物馆馆长陈泰敏认为，我们应该收藏华宁陶，要选择华宁陶藏品，收藏精品，越是工艺精湛、造型精美、形神兼备、引人入胜的佳品，收藏价值就越高。让人爱不释手的精品，升值的空间会更大。

陶塑的宗教神像。比起日常生活所使用的碗、盘、杯、罐等，宗教神像的数量更加稀少，其反映出的历史、文化、宗教信息更丰富，工艺制作也更为精湛和复杂，收藏价值也高。大件的陈设器皿不易保存，存量更少。华宁陶的釉色为单色釉，单色釉小件产品容易做，而大器施釉的质量、色彩、光泽难以得到保证。因此一件大件的陈设器，比如大花瓶、花插等，只要品相完整，质量过关，便值得收藏。釉色罕见的器物，华宁陶器釉色丰富，常见的是三彩和白釉带绿彩的，这类器物非常漂亮。然而有些釉色更为稀少，比如紫金釉，仿古铜的金属光泽；还有蓝釉，深沉的宝石蓝光泽；更有粉青，表面泛金斑……这些稀少的品种都值得收藏。

在刚刚结束的创意云南 2014 文化产业博览会上，参加展出的新一代华宁陶作品也备受关注。上千件作品来自华宁的宁州沁心陶艺、古月品陶轩、舒氏陶艺、七彩虹窑、锦年素时、永清陶艺等制

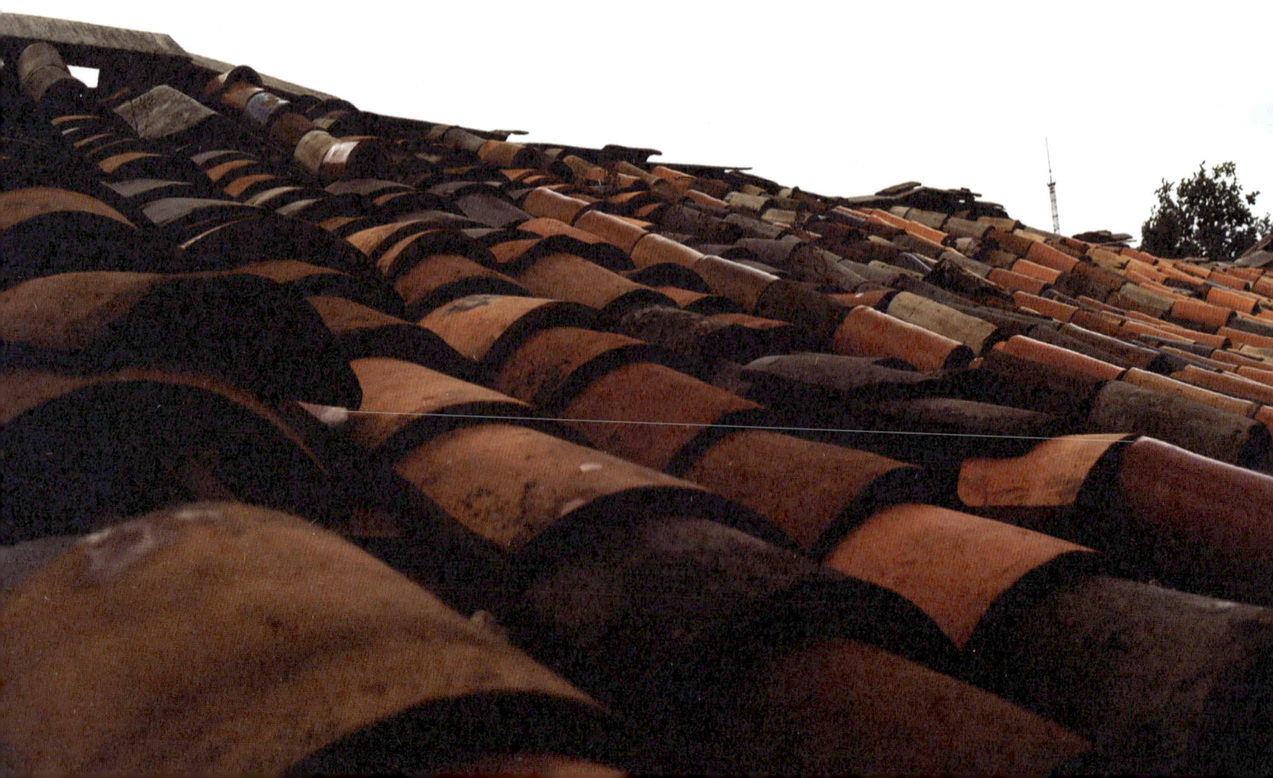

碗窑村常见的屋顶

小直坡出土的古陶

陶企业，以华宁陶为主调，把华宁陶的悠久历史与精湛技艺融为一体，充分展示了华宁陶深厚的文化底蕴。而且无论是彩陶、黑陶，还是绿釉陶，件件夺人眼球。各展位前挤满了市民与客商。

这些现象都说明，华宁陶产业化发展已经是大势所趋。

2013 年华宁县陶瓷产业工业总产值达到了 1.5 亿元。共有制陶企业（作坊）49 户，建成各类窑炉 100 余座，从业人员 1600 余人。目前已有省级工艺美术领军人物 1 位、省级工艺美术大师 2 位、市级工艺美术师 5 位。

华宁陶的发展，与各级政府的高度重视分不开。 为了鼓励企业发展，华宁县出台奖励政策发展陶瓷产业，对年销售收入达到 100 万至 300 万元（含 300 万元）的陶瓷企业，一

小直坡出土的古陶

❶ 现在的华宁陶

❷ 制陶人李茂祥参加拉坯大赛

❸ 制陶人陈俊玮

次性奖励扶持资金 10 万元。以此类推增加奖励额度，年销售收入达 2000 万元以上，就奖励 100 万元。同时，对人才引进也出台奖励措施，凡在陶瓷园区注册企业或成立工作室的国家级工艺美术大师，一次性奖励 10 万元。

华宁县设立 600 万元（其中县级财政预算安排 300 万元）规模的陶瓷产业发展专项基金，逐步加大陶瓷产业园区基础设施建设、人才培养、技术创新、产品研发等的投入力度。加大陶瓷产业招商引资力度，借力发展华宁陶瓷产业。

2013 年，华宁制定了《华宁陶产业发展实施意见》，通过组建工作机构、营造华宁陶发展氛围、加强华宁陶人才培养等措施，全面推进华宁陶文化产业发展。截至目前，全县制陶企业（作坊）由 2010 年的 12 户增加到 49 户，增长了 4 倍，建成、在建各类窑 130 余座（条），年可实现产值 2 亿元。

按照华宁县的规划，做强陶文化，做大陶产业，推进三大园区的建设是重点。

陶文化创意园、陶文化产业园和莲花工业片区陶瓷建材园区的建设，将为华宁陶瓷产业打下基础、建好平台，突破陶瓷产业发展瓶颈、推动陶瓷产业发展壮大。

我们期待，华宁陶更好的明天！

❶

❷

❸

舌尖上的珍馐佳肴

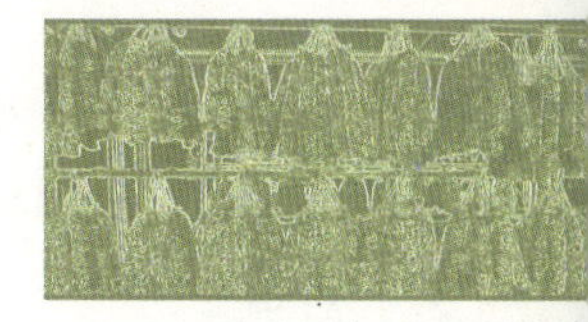

俗话说，民以食为天。在华宁悠久的历史长河中，各族人民在长期的生产生活中，用自己勤劳的双手和聪明的智慧，造就了华宁饮食文化鲜明的特色。

家常菜百吃不厌

泉乡的家常菜很多，湖边的酸菜、蒸碗等八大碗；山区的树头菜、香椿和曲江河畔的牛肉汤锅，一道道鲜嫩又美味的家常菜让人垂涎欲滴，啧啧称赞、食之不忘，感叹着美味中的华宁，华宁中的美味……

宁州菜只是一种非常普通的家常菜，不像其他菜系那样有明晰的地方菜系。在全国八大菜系中，宁州菜是微不足道的，难以登上大雅之堂，但这并不影响华宁人对美味的追求。相反，华宁素有海纳百川的博大胸怀，对各地的美食也积极吸收和改造。说起当地的美味来，很多华宁人可以滔滔不绝地讲得头头是道，很多人甚至可以亲自下厨，烹制出一款精致的菜肴，让客人吃得尽兴而归。

古宁州地域广袤，自古以来就有宁州“无海三半海”之说，在“海”边海镜、海关一带，受古滇国饮食文化和习俗的影响最深，饮食自成一体，少受外来的影响，带有强烈的地域特征和地方特色。比如青蛙爬石板，就是用小青豆放入糯米面中，加入水搓揉成面团，用刀切成薄片，再用香油煎黄就可食用了。咬上一口，蚕豆的鲜甜、糯米的清香满口都是，让人十分难忘。此外，过年时家家户户都兴煮酸菜，它有点类似于其他地方的杂锅菜，就是把土鸡肉和筒子骨煮成汤，再加入萝卜、芹菜、莲藕、慈姑和青菜、白菜、竹笋和黄花菜等煮熟。过上两三天，就有了酸味，每次取一点重新加热即可食用。酸菜讲究的是个杂，菜越多，味道越好，煮得好的酸菜保存时间很长，有的人家可以一直吃到正月十六。还有婚嫁时吃的蛋卷，先取土鸡蛋的蛋黄调匀，用油锅摊成薄片，再把剁碎的猪肉放入里面卷起来成条，装入碗中，上面铺上白菜叶做陪衬，用锅蒸熟，再用盘子反倒过来，就成了一道十分美味的菜肴。这是以前农村待客必不可少的一道大菜，只是由于制作程序十分烦琐，现在基本没了这道菜。比较特别的还有过年吃的冷荤，先把宰杀的猪脚、猪皮等具有胶原蛋白的皮质材料放入锅中，加入草果、八角、食盐等调味品熬成浓汤，经过一天多时间的自然冷却后，这些汤汁就变成了胶质一样的透明块状物，当地人称之为"冻"。然后再把小肠、肝等猪的内脏加入调料煮熟冷却，再用这些冻拌均匀，就可食用了。这些东西可食用多日不坏，很受欢迎。还有把糯米装入猪大肠中煮熟，再切成片用油炸黄，又香又糯，味道十分清香。

❶ 豆汤卷粉

❷ 家常小菜

除了海边一带，宁州大部分地方地处山区、半山区或河谷一带，垂直气候明显，农民们依赖森林而繁衍生息，形成以野菜为主的饮食文化和许多特色宴席。明代就有宁州诗人陆天麟著诗《麦兰菜》赞曰："寄语膻荤呆点颊，绍知清味在林区。"宁州可食用的野菜很多，常见的有香椿、树头菜、野辣子棵、灰挑菜、奶浆菜、岩芹菜、宣威菜、苦马菜、背海棠、石花、刺老包、野山药等等，形成了以吃芽为主的野菜菜谱。

宁州可食用的树芽很多，其中，香椿和树头菜最为有名。树头菜又名刺龙芽、刺嫩芽、刺苞头、五龙头等。早在唐朝即药食两用，拥有"山菜之王"的美誉。具有清火健胃、安神降压、壮肾利尿、解热驱虫等功效，可作为鲜药使用，春初萌发时采摘其嫩芽或芽苞，用它做食物，吃来爽口，是美味可口的蔬菜。树头菜不仅味美，栽培也很容易，在刚上市时，一斤树头菜卖到二十多元，最低时也能卖到八九元，不仅是很多人舌尖上的美食，也为广大山区群众提供了增收致富的新路子。香椿是香椿树的嫩芽，被称为“树上蔬菜”，每年春天开始发芽，香椿叶厚芽嫩，绿叶红边，犹如玛瑙、翡翠，香味浓郁，营养之丰富远高于其他蔬菜。香椿中含维生素 E 和性激素物质，具有抗衰

华宁老糖

老和补阳滋阴的作用。同时，香椿中含有香椿素可健脾开胃、增加食欲，它还具有清热利湿、利尿解毒之功效，是辅助治疗肠炎、痢疾、泌尿系统感染的良药，是名副其实的宴宾之名贵佳肴。

除了山茅野菜可入食，比较有特点的还有宁州“八大碗”，即烧皮子、酥肉、煮藕、竹笋、蒸笼、凉卷粉（米线）、八宝饭、扣肉。八大碗为特色菜肴，是华宁乡村婚丧娶嫁、建房起屋的宴席，其荤素搭配、冷热相间、味道可口、增进食欲。当中，尤以烧皮子、酥肉为上等食品，其色彩金黄，肉质酥松，不含色素，老少皆宜，被民间誉为美容养颜的可口大菜。

华溪、盘溪一带的牛肉汤锅也很有特色，一口大锅支在地上，锅里煮上牛肉和其他杂碎，煮沸几小时后，各种味道全入在汤里，味道十分鲜美。

总的来说，宁州菜有原汁原味、鲜嫩回甜的风味，它讲究的是

❶ 小　吃
❷ 家常小菜
❸ 白斩鸡

里子，没有花里胡哨、华而不实的外在样式，却海纳百川、南北兼容，创造出独特的地方饮食文化。特别是华宁上千年的古陶烧制历史，很多陶器品用于日常生活中，为宁州菜的发展起到了推波助澜的作用。酸腌菜、鲊馍和鲊馍肉等，充分发挥了华宁土陶的储存功能，能保存一两年时间不坏，随吃随取，方便、开胃又美味。

宁州菜最大的特点是品种丰富、取材广泛。作为各种地理条件、气候条件齐集的泉乡华宁，在山川、河湖、平坝等各种自然条件极为丰富的条件下，饮食取材非常丰富，野菜、野果、树叶、野生菌类都可入席，故而饮食材料也就源源不断，有春食花、夏食菌、秋食果、冬食菜之说，特别是时鲜蔬菜四季常有，真可谓物美价廉。

宁州菜讲究“新鲜”，非鲜不取，鲜而味浓是宁州菜的

基调。无论酸的、甜的、辣的，甚至苦的，别具特色，吃起来都爽口，另有滋味。先说那酸的，酸腌菜、酸笋、酸萝卜、酸辣子……不仅下饭，而且消食开胃，哪个不喜欢吃上几口？再说那甜的，宁州菜的甜自然而独特，像金雀花、霜冻韭菜等，那甜味淡淡的，像兰花的幽香，那味道若有似无，让人细细回味，又感觉不到它的存在。哪像广味，看着非常好吃，可是咬上一口，什么都是那么甜，甜得腻人，甜得难受。那辣味就不用多说了，如果没有辣椒，谁吃了都不香，可是，太辣了，又让人吃不消，宁州菜的辣恰到好处，不像四川的辣，辣得过火。更不是湖南的辣，辣得难受。甚至于那苦也别具一格，那肉丝炒苦瓜，营养丰富，食之不忘。苦刺花去其苦涩而留清香，让人在乏味的春天倍感食欲大增，有天然之美、自然之味，可以满足各民族、各阶层群众的口味。

这就是美味中的华宁，这就是让人啧啧称赞的华宁美食。

吃花的华宁人

华宁可食用的花很多，既有名贵的玫瑰、荷花、菊花、百合，也有普通的老白花、苦刺花等，均是上等的食材，环保又健康，盘溪还盛产一种玉合花，可谓秀色可餐。还有一种很普通又好吃的南瓜花，让华宁一年四季均可享受花之美味……

一方水土养一方人，在得天独厚的自然环境生活中，华宁的各民族对其赖以生存的周边地区植物的认识和利用有着丰富的知识，孕育了丰富的食“花”文化。春天一到，百花盛开，春天是一个食“花”的好季节，加之“花”的生态、美容等功效，更被现代人青睐，成为各族群众文化中一个普遍的现象。

鲜花入馔，古已有之。早在两千多年前，我国的养生家、道家以及此后的僧家，出于保健祛疾、延年益寿的需要，就常以菊花伴食。楚国诗人屈原就曾有“朝饮木兰之坠露兮，夕餐秋菊落英”的诗句。汉晋之后，食用花的品种和数量大增，餐花之风大兴，陶渊明不仅留下“采菊东篱下，悠然见南山”的千古名句，同时也是喜食菊花的一位著名诗人。如今，大江南北皆形成了各自不同的传统鲜花食俗，在云南，

1
2

❶ 金雀花
❷ 老百花
❸ 苦刺花
❹ 枸杞尖儿

最有趣、最丰富的是各少数民族食花，形成了独特的食花文化，而比起云南很多地方，华宁的食花文化一点也不逊色。

华宁生活着回、苗、彝等26个民族，算是一个多民族的山区农业县，又是植物资源极为丰富的“天然花园”，各族群众经常食用的花卉就有几十种，许多名贵的花卉亦是上等的佳肴，如玫瑰、荷花、菊花、百合等。菊花可谓秀色可餐，用菊花瓣炒蛋、烧豆腐羹，色香味俱全，软滑可口。还有许多名不见经传的花卉，亦能调制出美味佳肴。

在华宁的五个乡镇，分布比较广泛的是老白花和苦刺花，华宁许多高山盛产杜鹃花，有的叫马缨花、大红花、老白花等，尽管其中许多种类的花中有微毒，不过不用担心，当地群众对杜鹃花的毒性早有认识，认为其花色越深毒越大。因此，当地盛产的花色洁白、花冠大而肉质的大白花杜鹃，是最受欢迎的食用花卉。由于大白花杜鹃的花朵鲜美可口，而成了各族群众用以待客、婚嫁娶丧筵席的佳品。当地人在食用杜鹃花时一般不隔夜堆放，以防变质，通常连夜把食用部位的花冠留下，除去带毒的花蕊，趁新鲜放在水中煮沸几分钟，取出泡在冷水中漂洗两三天，每天换一次水，漂去苦味和毒素后，煮汤或与蚕豆、咸肉、火腿等煮食或炒食。苦刺花也是一种容易获取的食材，每年冬暖春来时，地边、路边、山麓间四处可见这种野生的小白花，采摘后拣去带刺的枝叶，只用“花朵”，用水煮熟，漂去苦味后可“烩豆米”“蒸肉

饼”“蒸鸡蛋”吃，还可将炒香的大米磨成面加上盐、辣椒粉、草果、八角粉拌和成，可久存食用，也可晒成“干花”存留食用，可还用来剁肉炖吃，随时食用，能保持清绿新鲜的特色，冬天也能享用，十分方便。

在农家，南瓜花自然是非常价廉物美的一种花了。每天清晨，去菜地里摘上几朵盛开的黄瓜“空花”，去“花蕊”留“花瓣”，用清水冲洗干净即可炒吃，嫩的茎干也可撕去皮，与花一起炒吃，或晾瘪后用豌豆面粉调水裹上，再晾到半干时即可下油锅“煎”吃。由于南瓜花取料十分方便，不仅农家，很多饭店都推广这道菜，深受顾客欢迎。

在华宁县城的农贸市场，每到春天，经常可见一些上了年纪的老奶奶提着一篮新鲜的“金雀花”来卖，此花价昂，虽然五六元钱一两，但买者如云。“金雀花”呈黄色，因形似飞舞的“小雀”而得名，植株为有刺灌木，学名“锦鸡儿”，取“花瓣”调鸡蛋“炒”吃，或放点肉片清炒，都很美味，是接待贵宾的佳肴“野味”。

❶ 白雀花

❷ 羊奶花

❸ 木通尖儿

盘溪等热带地方还盛产一种玉合花，其花色比杜鹃花艳丽，味

❶ 辣嘛刺尖儿

❷ 龙爪菜（蕨菜）

道也比杜鹃更好，不用漂洗，直接可采摘食用，鲜花味甜不带苦味，玉合花的许多部分均可食用，包括花芽、雄蕊，甚至嫩果荚也都可以食用。

在盘溪、通红甸等广大地区，到处可看到一株株高大的攀枝花树，上面盛开着火红的攀枝花，这不仅成了一道美丽的风景线，也是当地群众鲜美的食物。每年春日，攀枝花盛开，用竹竿将枝头的“花朵”和未开的“花骨朵”弄下来。多半喜用未开的“花骨朵”，并用刀切开，将“花瓣”抠去，只用“花托”，洗净后用水煮熟后，放在清凉水中漂去黏液，即可“烩豆”来吃。

在宁州的农村，至今还有用玫瑰糟糖的习俗，县城近郊过去就有种植玫瑰花的历史，主要用来糟制玫瑰糖，先将新鲜玫瑰花瓣洗净、晾干，切碎后与红糖拌匀，放在罐中储存50至60天，就可食用。县城有的糕点铺卖的鲜花饼，就是用糟好的玫瑰花和糖做馅料，味道醇正，芳香扑鼻。

此外，山区农民从树干上采摘来街上卖的“树花”，黄褐色，形似腌过的“萝卜丝鲊”，略带辣味，漂去辣味即可“炒”吃。

宁州可食用的鲜花很多，在华宁各民族中，较著名的食用花还有芭蕉花、火烧花、老鸹花、石榴花、棠梨花、地涌金莲等等。不论是农村，还是城市，人们更把“野花”“野菜”作为餐桌上的珍稀菜肴，既“环保”，又“时尚”，受到青睐与推崇。

❶ 香椿

❷ 莎罗尖儿

菌善菌美的地方

在华宁广袤的森林中，分布着二十多种野生菌，松茸、鸡坳、干巴菌、牛肝菌……华宁不仅鸡坳多，还常出大鸡坳，有的重达两斤多，大如伞状。菌类是我们夏天最爱的美食：鸡坳尝的是鲜甜的味，牛肝菌和谷黄菌吃的是浓郁的香，它们各有特色，有多种做法的是青头菌，可干炒、可煮汤，还可放点剁肉炖吃，均称得上舌尖上的美味。

夏天，野生菌是华宁真正的珍馐美味。

每年六七月间，几场雨水过后，在华宁的许多山地林中，一朵朵菌子就从树底下、草丛中钻出来，等待人们去拾了。华宁的野生菌每年的产量有多少，产值有多少万元？为多少人创造了财富？这些，恐怕没人真正统计过，但是，每年夏秋，许多昆明、江川等地的外地人像淘金一样来华宁淘宝，一住就是数月，专门收购野生菌却是事实。

华宁气候宜人，林地面积一百多万亩，森林覆盖率达到34%，野生菌种类极其繁多，名贵的有松茸、鸡坳、干巴菌等；普通的有牛肝菌、鸡油菌、青头菌、见手青、谷黄菌、北风菌、奶浆菌、刷把菌等二十余种，分布也极为广泛，几乎村村寨寨都有各种可食用的野生菌子。

华宁野生菌出得早，每年五六月份雨水来临就有，一直

到霜降前才结束，周期达四五个月。其中，土黄天时的谷黄菌最多、最成规模，论斤卖，是农民收成最开心的时候，也是大家尝美味最好的时候。

在所有的野生菌中，鸡㙡被称为野生菌之王，是食用菌中的珍品之一。田雯在《黔书》中写道："鸡㙡菌，秋七月生浅草中，初奋地则如笠，渐如盖，移晷纷披如鸡羽，故名鸡，以其从土出，故名㙡。"每年七八月份雨天过后，鸡㙡就出来了，这个季节的华宁县城，菜市场就有很多山民用南瓜叶子托着一包一包的新鲜鸡㙡叫卖，一束一束鸡㙡有粗有细，形如鸡腿，颜色一般为棕灰，无论是远看还是近看都没什么卖相，这个时候也闻不出什么香味来。但鸡㙡煮成了汤以后，那一口鲜甜没什么能比，哪怕是真正的鸡汤。难怪古人赵翼曾说鸡㙡："无骨乃有皮，无血乃有肉。鲜于锦雉膏，腴于锦雀腹。"这个形容一点也不夸张。正因如此，鸡㙡在很早以前就列为贡品，明朝熹宗皇帝朱由校最爱吃云南的鸡㙡，每年都要由驿站飞骑传递进京，熹宗只舍得分少许给宠妃和独揽大权、称为九千岁的太监魏忠贤，连正宫娘娘张皇后这样的人都无福品尝。从这个角度来说，华宁人真有福气。

华宁的鸡㙡从数量上来说不是最多的，却常出大鸡㙡，省、市媒体多有报道——

❶❷ 干巴菌

❶❷ 牛肝菌

❸ 鸡油菌

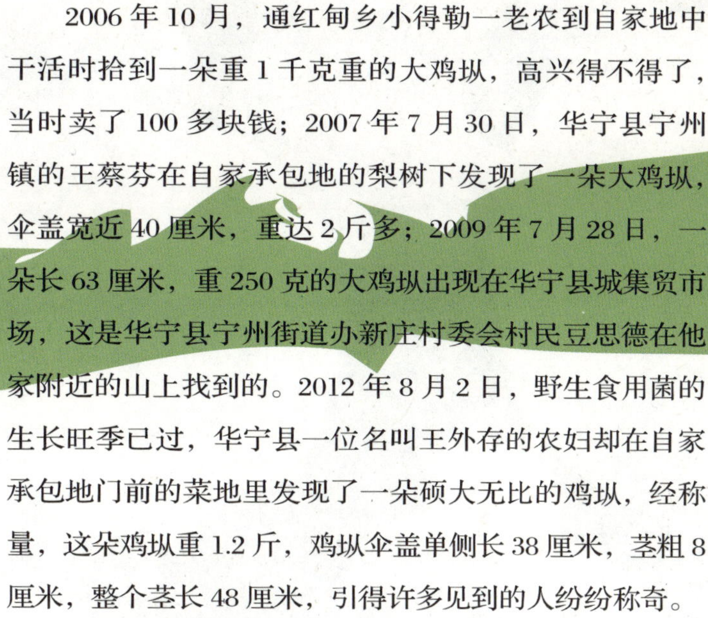

2006年10月，通红甸乡小得勒一老农到自家地中干活时拾到一朵重1千克重的大鸡纵，高兴得不得了，当时卖了100多块钱；2007年7月30日，华宁县宁州镇的王蔡芬在自家承包地的梨树下发现了一朵大鸡纵，伞盖宽近40厘米，重达2斤多；2009年7月28日，一朵长63厘米，重250克的大鸡纵出现在华宁县城集贸市场，这是华宁县宁州街道办新庄村委会村民豆思德在他家附近的山上找到的。2012年8月2日，野生食用菌的生长旺季已过，华宁县一位名叫王外存的农妇却在自家承包地门前的菜地里发现了一朵硕大无比的鸡纵，经称量，这朵鸡纵重1.2斤，鸡纵伞盖单侧长38厘米，茎粗8厘米，整个茎长48厘米，引得许多见到的人纷纷称奇。

以上只是笔者随便从《春城晚报》《玉溪日报》中挑选的几则消息，可能还有一些更大的鸡纵还没被媒体发现，被群众拾到就独自拿去炒吃了。

鸡纵的确好吃，甚过任何大鱼大肉，而且吃法甚多，鲜嫩的可炒吃，也可煮汤；老一点的则用来炸鸡纵油：把买来的老鸡纵清洗干净，锅中倒进香油加热，再放入鸡纵，先用大火炒干水分，再放入辣椒、草果、八角等调料，用小火慢慢炸成金黄色，就可以放入事先准备好的容器中储存起来，这样的鸡纵油能保存一年不坏，而且越存越香。特别是炒肉时，先用鸡纵油把切好的肉拌一下，不仅可以防止把肉炒老了，而且肉的味道非常香，饲料猪肉能吃出农家土猪的感觉来。

除了鸡纵，牛肝菌也是一种可食用的美味蘑菇。牛肝菌也称大腿蘑、网纹牛肝菌，属于真菌类。美味牛肝菌的子实体为肉质，伞盖褐色，直径最大可达25厘米，1千克重。2013年9月，华宁县华溪镇扯那白村村民尚发辉就拾到一朵重达1千克的牛肝菌，这朵牛肝菌呈黑

❶ 鸡　㙡

❷ 青头菌

褐色，帽子直径足有 30 多厘米，足有 1 千克重，这么大的牛肝菌实属罕见。牛肝菌是难得的美味，先用小火把干辣子和大蒜慢慢炒香，再把菌倒进去，适当放点辣椒等调味品炒干水分，顿时香气四溢。

❶ 卖菌的人
❷ 野生菌市场

谷黄菌是一种只在松树林下才会生长的菌类，由于是在谷子成熟时才开始出，颜色呈金黄色，因此我们称之为谷黄菌。谷黄菌最好吃，放点干辣椒和芹菜爆炒，味道很香，直到现在，仍是价格仅次于干巴菌、鸡纵菌的菌类。

菌类是我们夏天最爱的美食，普通的食物也能做成美味，野生菌更不用说，可谓难得的舌尖上的美食。鸡纵尝的是鲜甜的味，牛肝菌和谷黄菌吃的是浓郁的香，它们各有特色，有多种做法的是青头菌，可干炒、可煮汤，还可放点剁肉炖吃，均称得上舌尖上的美味。

也许是喜欢吃菌的人越来越多，野生菌的数量一年比一年少，价格自然一年比一年高，鸡纵能卖到八百多元一千克，比干巴菌还高出好多倍，还是挡不住大方的华宁人争相购买。

野生菌不仅为群众增加了收入，也为一些有经济头脑的人创造了财富，华宁的随园食就是靠卖野生菌发展起来的，如今成为华宁餐饮业的领头羊。此外，还有专业以野生菌为火锅的十里香，把几十种野生菌放入同一锅中煮食，其汤清、味醇、菌新鲜，食者络绎不绝，几乎天天爆满。

对很多华宁人来说，每年夏天，最快乐的事就是到菜市场买些菌回来，边洗菌子，边享受着甜蜜的幸福生活。吃饭时，一盘盘香气四溢的菌端上餐桌。哪怕再挑剔的人也会觉得，这是生活在华宁的福气，再也没有比这更好的美味了。

1

2

抚仙湖的鱼跳上餐桌

在抚仙湖东岸沿湖一带，历史上盛产各种鱼类，这里的鱼不仅营养丰富，味道也美，做法甚多，清汤鱼、酸菜鱼、盐水鱼深受群众欢迎。

鱼的营养丰富，食之味美，故人们普遍爱吃鱼。在抚仙湖东岸沿湖一带，历史上盛产各种鱼类，在华宁县古籍书（宣统《宁州志抄本》）中，对湖中的两种神秘生物有详细的记载：

> 抚仙湖，深绿莫测其底。孤山处其中，色青于蓝，四岸望之，只云物耳。近山处，水弱至不欲载舟，蛟龙窟宅也，有大鱼，不知其修广，清秋时一出游，则众鱼大小以次相从者数万，渔者过之，弃竿而走，不敢钓也，钓则有波涛之患者。有龙马，驰骤风雨，沸波欲飞，去人远，始见之，傍舟而过，人不觉也。二物皆深伏不恒见。青鱼、花鱼、抗浪鱼之属皆极多，青鱼、花鱼不可网取；抗浪鱼，五六月间，如云蔽湖而四出，恒在暴雨后，土人谓之鱼发。

① 抗浪鱼

② 鱼洞旧景

书中所记的大鱼即青鱼阵，如今还能在华宁境内的红沙地一带见到这种盛况，那气势颇为壮观，甚至会让人看了胆战心惊，只想避而远之，生怕被鱼群吞没。而抗浪鱼也是湖中很常见的一种土著鱼，其形如银梭，肉味鲜美，早在清康熙年间就成为皇室贡品，一直到20世纪90年代初，抗浪鱼还是沿湖群众主要的经济收入来源。另据《滇中纪胜·抚仙湖》介绍，抚仙湖主产抗浪鱼，其次还产鲤鱼、青鱼、鲢鱼、乌鱼、金线鱼等二十多种鱼类。

由于鱼多，当地农家有许多煮鱼高手，其味让人称赞。

清汤鱼　清汤鱼味道鲜美，适合各种人群，特别是老人和小孩。煮清汤鱼的鱼最好是活鱼，以抗浪鱼和鲤鱼为佳。先将鱼洗干净，放入锅内加上水，放入生姜、蒜等配料除腥，起锅时再放入葱、薄荷等作料。鱼汤先要用大火烧开，再用中火熬，熬的过程不要随意打开锅盖。熬得越久，汤越白，

越鲜美。

清蒸鱼 将鱼宰杀、洗净、擦干水，随手抹点盐在鱼身上，然后将鱼放一长盘中。把鱼放入开水锅里蒸熟，捞出汤汁（若汤汁少可保留），放上姜丝、青红椒丝、红葱头片、香菜段，将烧开的花生油趁热浇在鱼身上，随即淋上鲜酱油即可。

酸菜鱼 酸菜鱼鲜嫩爽口、开胃健脾、醒酒提神、汤美适口。先将鱼去鳞和鳃、剖腹，去内脏洗净。用刀取下两扇鱼肉，把鱼头劈开，钱骨制成块。泡青酸菜洗后切段。将炒锅置火上，放少许油烧热，加入花椒料、姜片、蒜瓣炸出香味后，倒入泡青酸菜煸炒出味，加汤烧沸，下鱼头、鱼骨，用大火熬煮。撇去汤面浮沫，滴入料酒去腥。再加入精盐、胡椒面备用。将鱼肉斜刀片成 0.3 厘米的

❶ 车水捕鱼
❷ 渔　网
❸ 香　把
❹ 香把捕鱼

抚仙湖花海

连刀鱼片，加入精盐、料酒、味精，用鸡蛋清拌匀，使鱼片均匀地裹上一层蛋浆。将锅内汤汁熬出味后，把鱼片抖散入锅。用另一个锅入油烧热，把泡辣椒末炒出味后，倒入汤锅内煮1至2分钟。待鱼片断生至熟，加入味精，倒入汤盆中即成。

盐水鱼　盐水鱼可以长时间保存，最受人们的喜爱。先把草鱼、鲤鱼等洗净切成块，再用盐水浸泡几十分钟，加入花椒、八角等作料，放入锅中。先用大火煮开，再改用中火煮沸，水快干时撒上辣椒面，用小火慢慢煮干水分。此时，各种香料的味道就自然入进鱼里，食用时取几块加入剁碎的青辣椒，放点猪油蒸熟，是很下饭的家常菜。

酱煮鱼　酱煮鱼是当地人的拿手菜，先把洗净的鱼用香油把一面煎黄，再用当地产的面酱加点水调稀，倒入锅中煮透，加入调料，起锅时放上薄荷等调味品，其味道别具一格，很受当地人欢迎。

炊锅宴上吹吹家常

吃炊锅是县城一带传统的民俗，华宁炊锅讲究的是鲜、香、甜，炊锅由5荤15素组成。吃上一顿热气腾腾又美味可口的炊锅宴，不仅全身热乎乎的，心中也能感受到浓浓的亲情，柑橘节期间推出的“千人同吃一口炊锅”，更是把华宁的炊锅文化发挥到了极致。

逢年过节，全家人围在一起，共同煮食炊锅是华宁县城一带民间最为流行的一种古老习俗。的确，在寒冬季节，全家男女老少围在一起，吃上一顿热气腾腾又美味可口的炊锅宴，不仅全身热乎乎的，心中也能感受到浓浓的亲情。难怪在华宁民间，炊锅是那么受人欢迎。

炊锅煮食食物十分讲究，炊锅通常用金属材质打造，最讲究的炊锅，用白银打造，其次为铜材和铝材，华宁常见的是铜锅。炊锅的上部盛汤、菜，中央位置有烟囱；下部是烧木炭的火炉，形制古雅。有人还加以改良，在炊锅的烟囱上加上烤盘。炊锅的食材比较繁多，千层肉、香酥、猪皮、豆腐、山药、青菜、白菜、竹笋、藕、豌豆尖等，将这些荤素搭配好的食材一层一层铺好，用熬好的高汤烹制出来，色香味美，养颜补身，老少皆宜。

炊锅的汤水最为讲究，通常采用原汁鸡汤、筒子骨汤或火腿骨汤，一般不另外添加作料，以保证质地鲜甜。炊锅的繁杂，在于荤素材料的层层码放，一般要依照“底荤上素”和“耐煮的在下，鲜嫩的朝上”两个原则，并突出重点考虑看样，把工艺最复杂、味道最有号召力、看样最好的，置于上层。通常上层材料，比如蛋饺和酥肉（黄条），工艺比较复杂，需要提前准备制作。

也许因为太麻烦，早些年要吃炊锅，只有老派些的亲朋好友家才有，轻易还不会做，要等到有些说法的时候，才会动手。目前，一些炊锅删繁就简，并不码放，而是汤沸后，由客人自助放进豆腐皮、玉兰片、粉丝、木耳、黄花菜、油炸豆腐、面筋、肉丸子、火腿片、白菜、青菜、豌豆尖等食材。

吃炊锅也比较随意，喜欢粑烂的，可以多煮一会；喜欢劲脆的，稍煮即可。传统炊锅一般是三鲜口味，比较清淡。盐分和辣味以及其他一些特殊要求，可以用蘸水调节，各种

年龄段和不同口味的人，都可以照应周全。每次炊锅刚上桌，那咕嘟作响的乳白色汤汁就散发着鲜、香的气味，翠绿色的蔬菜、雪白的豆腐丸子、橙色的胡萝卜等懒洋洋地躺在锅里，构成了一幅极漂亮的色彩汇集美食全图，从嗅觉、视觉上就给人一种快乐的享受，让人忍不住一吃为快。

华宁很多地方的人口味各异，但都喜欢吃炊锅，在这个寒冷的季节里，一家人或是亲朋好友围着一锅热气腾腾的炊锅，尝着锅中的美味菜肴，谈着家常话，其乐融融。袅袅不断的炊烟中，能让人品出乡土气息，品出其特有的文化内涵。

华宁炊锅讲究的是鲜、香、甜，炊锅由5荤15素组成。最近，一些饭店为迎合顾客的需求，大胆创新，研制出新型炊锅。此种炊锅多采用数十种上乘滋补药材，如当归、党参、枸杞等，再放入各种菜品，经精心烹饪而成。羊肉、排骨、鸡肉等三种底料可供顾客进行选择，顾客还可根据自己的喜好，配以不同的海鲜、蔬菜等菜品。其口味鲜、香、咸，诱人食欲。

为了充分挖掘华宁的传统饮食文化，2010年，柑橘旅游文化节期间，主办方县委宣传部结合华宁的地方特色，举办了富有地方特色的文化活动，特别值得一提的是“千人同吃一口炊锅”，这口由建筑商李芝明出资打造的天下第一铜炊锅高2.1米，最大直径1.36米，锅深0.4米，其中烟囱的直径都有0.366米，总重量498千克，可煮400千克菜，能供1000多人食用，22个菜满足了不同游客的需求，比禄冲风景区的“天下第一铜锅”还重一倍，赋予“天下第一铜炊锅”的美誉，一点都不夸张。

这口巨型铜炊锅亮相柑橘节让八方宾客一饱了口福和眼福，展现了千人同吃大炊锅的恢宏盛宴，把华宁的炊锅文化发挥到了极致。

白酒国家标准制定企业

大炊锅菜让人垂涎欲滴

宁州香肠常香

吃过很多地方的香肠，只觉得华宁的味道最正宗，也最清香可口。华宁香肠集广味的香甜、川味的麻辣和滇味的鲜香为一体，香中回甜、甜中有辣、辣中有麻，麻辣适中，味道最为纯正。入口后，香、甜、麻、辣、咸共挠味蕾的痒处，让人不舍下咽，加之色泽红润，因此畅销四面八方。

在华宁的城镇和乡村，最有年味和年俗的食品就是香肠和腊肉了。一进腊月，街道口、胡同里老乡们谈论的话题里，总有“你家今年腊肉腌了几块、香肠灌了几节”这些话题，几乎众口一词，轻描淡写之间，把华宁人办年货的繁忙和香肠在年货中的重要位置给凸显出来了。

一个“灌”字不知省却了多少制作香肠的烦琐工序！香肠好吃可不好做，首先，你得到市场上买或托人寻了杀年猪的农户要一段小肠，然后回家反复漂洗，用面粉、葱白、食用碱和食醋去除异味，再用有棱的竹筷反反复复刮挤小肠里外双面的黏膜，直把拎进门时混混沌沌的小肠洗刮得白白亮亮、干干净净，以备使用。其次，得把肥夹瘦的猪腰板肉切片，加入多种调料，再一点一点地灌进去，灌的时候得两人配合，然后慢慢晾干才可食用。不要忘了，此时，正是北风呼呼、滴水成冰的寒冬腊月，把小肠

洗净时，主人的双手早被冻得通红通红，失去了知觉。但如此的辛苦疼痛怎能难住家乡追求美食的人们，怎能难住惯于精益求精做事干活的父老乡亲们？不然，灌香肠的年俗能在日新月异的时代变迁中流传至今吗？

自然，来到泉乡华宁，无论你是上饭店还是到农家吃饭，尝一尝地道的华宁腊味香肠自然是少不了的。香肠的吃法很多，可切成薄片炒吃，也可煮熟来吃，当呼呼冒着热气的香肠端上桌时，呼一帮好友，开一瓶美酒，对着明月，举杯相邀："来，尝一尝华宁的香肠！"此时呀，你能说那一片片薄薄的香肠就没浸透浓浓的乡情？一年复一年，一个个腊月来了，又离去，有多少关于香肠的逸事在民间流传。

我吃过很多地方的香肠，只觉得华宁的味道最正宗，也最清香可口，麻辣适中，味道最为纯正。华宁香肠集广味的香甜、川味的麻辣和滇味的鲜香于一体，香中回甜、甜中有辣、辣中有麻。入口

华宁香肠

❶小　吃
❷烧皮子

后，香、甜、麻、辣、咸共挠味蕾的痒处，让人不舍下咽。

如今，随着经济的发展，华宁的香肠得到了大规模的发展，出现了规模化的手工作坊。涌现出像宁州香、黄师傅、香哩哩等知名品牌，制作的工艺也越来越先进、越来越考究，色鲜味美，不含任何色素及添加剂，记忆中只有过年才能吃到的香肠，现在可以随时买到。

在这些香肠中，华宁香肠就是其中的代表，选用高寒山区的鲜猪肉做原料，采用传统工艺与现代新技术相结合，加工精制滇味风干香肠、滇味烤制香肠、广味香肠、小腊肉、鲊馍肉等十多个品种。这些品种由于制作精细、质量过硬、风味独特，已通过国家食品 QS 质量安全认证，是云南省的著名肉食品。2003—2004 年，产品荣获第七、八届云南省消费者喜爱商品；2006 年 6 月被玉溪《大众周刊》列为玉溪十大美食之一。这几年来，产量年年递增，供不应求，年产值达 1000 万元，是接待宾客、馈亲送友的最佳礼品，畅销四面八方。

1

2

盘溪冷饮倍儿爽

在炎热的夏天，吃上一碗凉爽的冷饮甜品是一件非常舒服又享受的事，盘溪的米凉虾、拉拉粉和木瓜粉等冷饮甜品很有特色，果然名不虚传。盘溪的制糖业有很早的历史，早在民国年间，其生产的红糖就畅销省内外。盘溪制糖业的发达，成就了这美味绝伦的冷饮甜品。

早听说盘溪的米凉虾、拉拉粉和木瓜粉等冷饮甜品很有特色，今年夏天去尝了几次，果然名不虚传。

说到盘溪，首先让人想到的是热。炎热的天气，热情好客的盘溪人，让人感觉一股热浪扑面而来。于是，在街头巷尾大树凉荫下，有一张张罩着玻璃罩子的台子，罩子里面依次摆放着一碗碗排列起来的米凉虾、拉拉粉，透明如水晶般的木瓜凉粉，以及多种多样的糖稀和调料。

在盘溪，无论是米凉虾、木瓜粉还是拉拉粉，统统是每碗2元，也可以三个品种每样来一份，全拼在一个碗里，他们叫三合一，价格也是2元。一般人吃上一碗就爽得要死，有位同行每样吃了一碗，每碗抬来，他稀里哗啦几下就吃完了，那个爽，真是无法用语言形容。他说，在他当县旅游局长时，就曾组织人员对全县的特色小吃进行过全面的调查了解，他认为还是盘溪的冷饮甜品最好吃，他们小时候就很喜欢吃了，每天都要来这儿吃上一碗。他的同学，无论是在昆明的还是在北京的，每次回来都要约他到这儿吃一次，已经成了习惯。

据了解，盘溪的制糖业有很早的历史，早在民国年间，其生产的红糖就畅销省内外，深受欢迎。据《黎县地志资料》载：“蔗糖产婆兮、华兮，皆以私人设榨汁煮制红糖，行销县内外，民国十年（1921年），出口一百余万斤，价值十一万元。”盘溪人对做糖很有讲究，对其味道也很有研究，就如这糖水，就是用白糖慢慢炒香，炒得变成红色，再适当放入水煮沸，吃起来感觉就不一样——用小勺子舀了一点，轻轻放在嘴里，拉拉粉香甜软滑，米凉虾香甜软嫩，入口冰凉。口感最奇妙的是那木瓜粉，软软滑滑的在口里，似有若无之间，却掺着红糖水实实在在的甜、芝麻的香、玫瑰糖的醺，顿时，一股甜中带香、香中含甜的冰凉感觉弥漫开来，只觉

得全身透着一丝丝的清凉，有种冰清玉洁的感觉。那滋味，只有一个字：爽！

店家一老一少，老者是个七十多岁的老奶奶，小者是个十八九岁的小姑娘。她们动作麻利，按顾客的不同要求，一碗碗不同品种的冷饮很快就端到不同的顾客面前，从不出错，也不让顾客等得心急。但问她们是如何做成这种美食的，她们均笑而不答，对美味的秘诀秘而不宣，有种酒香不怕巷子深的从容和自信。

虽然这位身怀绝技的老奶奶没有告诉我们做法，笔者还是从

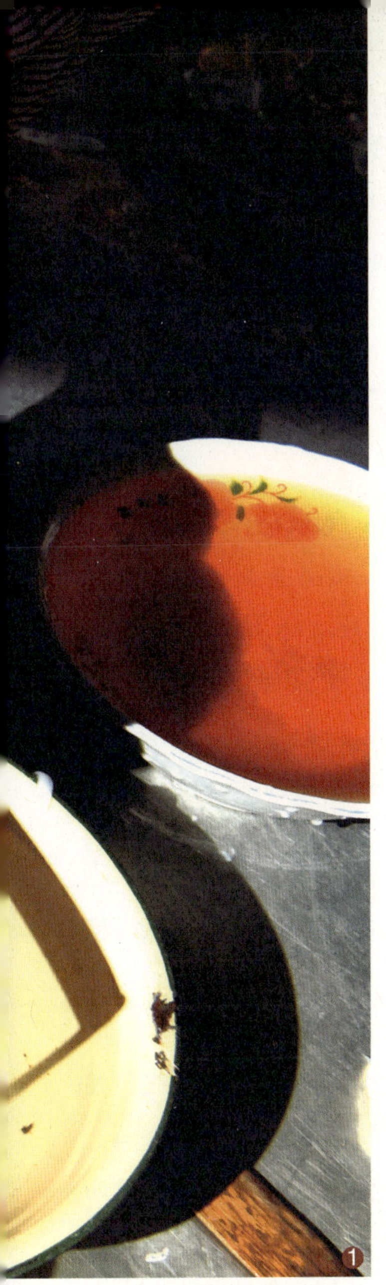

❶ 盘溪秘制糖水木瓜粉

❷ 盘溪拉拉粉

其他渠道了解到一些制作的方法。米凉虾是云南很多地方的风味小吃，先用米制浆煮熟，用漏勺漏入凉水盆中。因头大尾细形似虾得名。用它配入糖水，加入玫瑰糖，是夏季的解渴佳品。其原料为：白米 500 克，红糖 300 克，玫瑰糖 100 克。美食做法：先将米淘洗干净，用水浸泡 30 分钟，磨成米浆入盆。锅内注入清水，旺火烧开，将米浆徐徐淋入，边淋边用手勺搅动，防止煳锅。熟后注入清石灰水，改用微火煮至糊状。然后取盆一个，注入冷开水，将米糊趁热放入漏勺，进冷水中即成米凉虾。食用时，用漏勺捞出米凉虾入碗，放上红糖水、玫瑰糖稀即成。

木瓜粉也是当地的一种特色甜品，夏天解暑必备饮品。木瓜粉是用假酸浆籽做成的，其籽细细的，形状、颜色有点像茴香籽。制作时，先准备好一小盆凉开水，一块干净的纱布，将木瓜籽包在纱布里，在清水中不断揉搓，这时纱布开始有黏滑的感觉，待揉搓纱布时不再有黏滑的感觉了，就可以了，再用石灰水点制，1–3 小时后即凝成水晶一样晶莹透亮的胶状物。食用时，弄出一小块，捣碎，加入冰水、糖水、玫瑰糖、白芝麻之类，即制成木瓜粉。舀入玻璃杯或碗内，再舀一勺自家熬制好镇凉了的红糖水，一般比例为：木瓜粉 80%，糖水 20%，红赭色的红糖水便欢快着渗透了透明的凉粉，鲜活活地诱人极了，喝起来爽心滑口，简直妙不可言。

相比而言，拉拉粉的制作要简单得多，用纯蚕豆粉煮熟，经冷却后就成了，不用加任何的原材料。当然，最难的是水分和火候的掌握，水太多，不能成型；太少，又显得老，不好吃。当然，水放多少，煮多长时间才恰到好处，得靠多次的实践经验才能掌握。

盘溪因以前盛产蔗糖，加之天气的原因，成就了这美味绝伦的冷饮甜品。

峡谷中飘来一缕烧烤之香

烧烤是一种深受人们喜欢的休闲食品，小寨的烧烤最为特别：大块的烤肉吱吱冒着热气，咬上一口，只觉得肥腻的肉里满嘴流油，却是外焦里嫩，鲜甜中有土猪肉的浓香味，那种久违了的猪肉味道时而呈现，无论是男的、女的，均不由得大口大口地吃起来，尽情地享受着这粗犷的野食，就像充分地回归到大自然中……

烧烤是人类最原始的烹调方式，是以燃料加热和干燥空气，并把食物放置于热干空气中一个比较接近热源的位置来加热、烹调至可食用为止。烧烤到处都有，人人喜欢，但以华溪小寨的烧烤最为特别。

华宁县华溪小寨村彝家休闲烧烤一条街位于华溪镇西边，为小寨村委会驻地，与红河州建水县相连，是一个彝族聚居地。小寨自民国以来就有赶集的历史，与红河州建水县的人员、经济、科技交往较为密切，是华溪镇的西大门。

说小寨的烧烤最为特别，首先是在时间上与众不同，一般的烧烤是在晚上进行，而小寨的烧烤则是在白天就开始了，而且是在逢二、五、八日赶集时才有烧烤活动。其次，小寨的烧烤最为原始古朴，一般的烧烤是切得很小的，用细竹签一串串穿着，烤得干巴巴的抬上桌。小寨的烧烤却是论块烤，并且是大块大块的，就像以前到农家遇上杀过年猪，随便取下两块来食用一样大方。这儿卖烧烤的人会在当天到附近猪肉摊上买上些五花肉和排骨，切成大块大块的块状物，用各种香料现时腌一下。有顾客来时，就把这些大块的肉放在火上烤，直烤得吱吱地冒着热气和浓烟，一直把这肉烤熟了，放一块在你面前。此时，咬上一口排骨或烤得香香的带皮新鲜土猪三线肉烧烤，再来几块新鲜烤猪排及粉肠，久违了的猪肉味道时而呈现。只觉得肥腻的肉里满嘴流油，却是外焦里嫩，鲜甜中有土猪肉的浓香味，真是有滋有味。无论你是男的、女的，均不由得大口大口地吃起来，尽情地享受着这粗犷的野食，就像充分地回归到大自然中。直吃得肚子饱了、嘴里腻了，却还想再吃上一口。想想，还有什么地方能这样开放和大胆的？

除了吃这肥腻的烤肉，小寨的街上到处都是农家自产农产品，更有纯天然的山野菜，其中较为有名的是香滑可口的野山药，本地优质米、莲藕、甘蔗、西瓜、现宰的土猪肉等，能满足追求生态、自然、和谐的采购欲望。农产品采购累了，还可休闲地坐到烧烤摊上，喝上几口农家自酿的甘蔗酒、粮食酒和当地的凉卷粉、凉米线，这些凉卷粉、凉米线酸中有辣、辣中有香，刚才的肥腻一扫而光……不知不觉中，烧烤摊上坐满了人，你不必担心，因为大家都是慕名而来聚集在一块品尝彝家烧烤的，大家心照不宣，尽管尽情地享用这彝家土猪烤肉。

小寨烧烤，真是过瘾，让人一吃就永远忘不了。

高山之巅一品凉猪脚

火特腌制“凉猪脚”始于明清，用生态放养猪做原料，采用传统工艺精制而成，不含防腐剂等一切有害化学物质，其味道肥而不腻、香醇鲜美，食法较多，是上等的原生态食品和营养品。

猪脚是指猪的脚部（蹄）和小腿，华宁人常叫猪肘子。猪蹄营养丰富、味道可口。它不仅是常用菜肴，而且还是滋补佳品。猪蹄中的胶原蛋白质在烹调过程中可转化成明胶，它能结合许多水，从而有效改善机体生理功能和皮肤组织细胞的储水功能，防止皮肤过早褶皱，延缓皮肤衰老。尤其是猪蹄中的蛋白质水解后，所产生的胱氨酸、精氨酸等 11 种氨基酸之含量均与熊掌不相上下。

从医学的角度来看，猪蹄又是多用途的良药。中医认为猪蹄性平，味甘咸，具有补虚弱、填肾精、健腰膝等功能，是一种类似熊掌的美味菜肴及治病“良药”。对于经常四肢疲乏，腿部抽筋、麻木，消化道出血，失血性休克及缺血性脑病患者有一定辅助疗效，它还有助于青少年生长发育和减缓中老年妇女骨质疏松的速度，也是老人、妇女、失血者的食疗佳品。

在华宁，最有名的是青龙镇矣甫和宁州街道办火特的“凉猪

❶凉猪脚

❷小黑药系列

脚”。 这两个地方都是华宁的高寒山区，气候寒冷，适合腌制肉食品。特别是宁州火特素有小香格里拉之美称，最高海拔 2320 米，平均海拔 2277 米，其山高谷深、雾大水冷，日照短、气候凉，属境内汉彝杂居的高寒山区，环境优美、气候宜人、物产丰富。有天然的大磷矿、小石林，放养猪、鸡、羊、牛的牧场，还有适宜繁殖生长野生草乌、种植土豆等植物的气候，由于占有独特的气候条件，是腌制肉食品的天然宝库。每逢冬天到来，家家户户都有杀年猪、腌制凉猪脚、腊肉、排骨的习俗。其中以腌制凉猪脚为最，凡到火特游玩做客的人，常年均可品尝到他们特制的美食“凉猪脚”。

火特腌制“凉猪脚”始于明清，用生态放养猪做原料，采用传统工艺精制而成，不含防腐剂等一切有害化学物质，其味道肥而不腻、香醇鲜美，食法较多，含有人体所需的钙、铁、锌等营养成分，常与大豆、草乌煨熟食用，可治虚寒、舒筋活血、养颜延年，是上等的原生态食品和营养品，也是赠亲送友的最佳礼品。

“三棵树”谱写的丰收童话

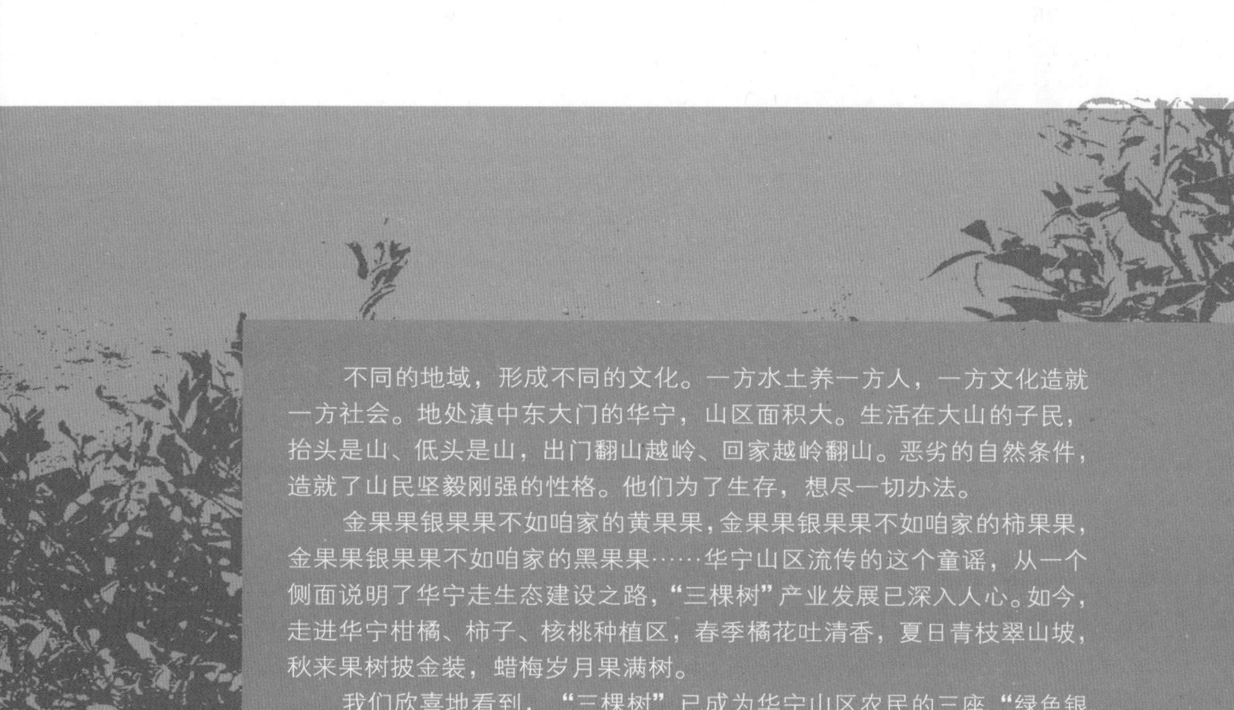

不同的地域，形成不同的文化。一方水土养一方人，一方文化造就一方社会。地处滇中东大门的华宁，山区面积大。生活在大山的子民，抬头是山、低头是山，出门翻山越岭、回家越岭翻山。恶劣的自然条件，造就了山民坚毅刚强的性格。他们为了生存，想尽一切办法。

金果果银果果不如咱家的黄果果，金果果银果果不如咱家的柿果果，金果果银果果不如咱家的黑果果……华宁山区流传的这个童谣，从一个侧面说明了华宁走生态建设之路，“三棵树”产业发展已深入人心。如今，走进华宁柑橘、柿子、核桃种植区，春季橘花吐清香，夏日青枝翠山坡，秋来果树披金装，蜡梅岁月果满树。

我们欣喜地看到，“三棵树”已成为华宁山区农民的三座“绿色银行”，人们守着大山、依赖大山、开发大山，“三棵树”可谓是绿了荒山富了民。

甜蜜的“柿业”

华宁人对柿子的偏爱，大概源于对事事如意的生活的一种向往。山区、半山区农民房前屋后都会种植柿子。小时候，家里粮食不够吃，柿子就成了充饥的辅助水果。柿子有甜柿、涩柿之分，在我们家乡，涩柿又分为火柿和水柿。火柿成熟了，挂在枝头就软了，摘取一只剥皮就吃，那甜丝丝滑嫩嫩的感觉，留在舌尖余味无穷。水柿脱涩清脆爽口，让人念想。甜柿更不必说了，一个“甜”道出了人类对甜蜜生活的憧憬……

说到柿子，小时候家乡的柿子园给我留下了深刻的印象。

我的老家是一个具有六百多年历史的小渔村。我的祖先施开南兄弟俩跟着明初的沐国公沐英戍边云南，他们从南京应天府高石坎柳树湾码头出发，一路上浩浩荡荡来到抚仙湖边的澄江右所驻扎。后来，施开南兄弟俩来到抚仙湖东岸的塘子村居住，再后来弟弟施开南移居矣马谷村，也就是我们祖祖辈辈生活的这个小渔村。当时，矣马谷不叫矣马谷，叫野马谷，传说这里野草丛生、芦苇茂密、野马成群，因而得名野马谷。村子施氏宗祠里留存着一块记事碑，碑文清清楚楚地记载着这段历史。一个村子的来历，脉络竟然如此清清楚楚，连普通的村民也对其了如指掌，让人感叹。

清晨，初升的太阳越过后山，跃上茂密的树林，透过薄薄的云雾，把清澈透明的柔光洒向抚仙湖，阳光静静地包裹着炊烟袅袅的小村子，村外的柿子园绿树成荫，显得格外的静谧、安详……和其他坐落在抚仙湖畔的小渔村一样，这里的人们祖祖辈辈靠捕鱼为生，什么时候种上的柿子树不得而知。

我对柿子的记忆，就是充饥。

在那个荒芜的年代，鱼、稻米和蚕豆根本填不饱全村三百多口人的肚子。每年的八九月份，施氏宗祠里堆满了红绿相间的柿子，村民们挑着谷篮、背着背箩、提着提箩，排着长长的队伍，一篮子一篮子地把分到的柿子挑回家。绿绿的“水柿”，就用一种叫“酸多依”的酸果子，一同放在一个土罐子里腌，一个多星期以后，涩涩的水柿就成了甜甜脆脆的馋人的果子，我当时一口气可以吃四五个。红红的“火柿”，就放在黑暗的角落，盖上厚厚的稻草，慢慢地让它变软。“柿子就捡软的捏”，软柿子鲜红、半透明，能透过鲜红水嫩的果肉，看见里面黑黑的核，这个时候放进嘴里甜腻腻的，透着一丝凉意，极为爽口。

老家的柿子园，除了留给我甜甜的思乡味道以外，更多的却是不快的回忆。

夏天，柿子树绿茵茵的，明亮的阳光透过密密匝匝的柿叶，丝丝缕缕缠绕在大片的杂草丛中。我家的老水牛似乎喜欢跟我作对，一路过柿子园，它总是挣脱我手里的绳子，欢笑着一头扎进柿子园，只顾低头美餐。我呢，只得远远地看着它，在园子周围观望。因为柿子树叶毛毛虫最多，我从小怕毛毛虫，那种五颜六色全身毛茸茸的东西，一想起来就全身冒冷汗。那一团一团扭在一起蠕动的虫子，在太阳底下，虫子似乎蠕动得更欢，你要是在树下不小心，就会有好几条虫子扭作一团吐着丝飘落到你的脖颈、手臂，毛茸茸的惊出你一身冷汗。它们爬过的肌肤，非得痒个十天八天才让你消停。直到现在，我还会在梦中见到那色彩不一的软体动物爬到熟睡的枕边呢。

对于华宁柿子种植的历史，无人考证过。我只知道无论是丘陵，平地还是高山峡谷，华宁的村村寨寨都有柿子，它和华宁人一

登楼山的柿子

技术指导

样，适应性极强，随便一粒种子撒落，都能长出一棵柿子树。

在华宁的大山深处，从盘溪热坝往西，顺着山路走七八千米，有一个叫龙潭营的村子，那里的人们，家家户户栽种柿子，是从柿子树上获益最多的村子。

2004年1月7日，村委会来了一个叫孙世敏的陌生人，他是县里下派到该村担任党总支书记的。村里人看到这个年轻人竟然是上面派来的支书，心里就犯嘀咕：一个清清瘦瘦的年轻人，还架着一副眼镜，明摆着就是一介书生，看得出就是那种没下过地、种过田的人，怎么带领大家致富呢？

在后来的岁月里，村里人不但对他彻底改变了看法，老老少少都亲切地喊他孙支书。村民们隔三岔五就往村委会跑，都喜欢听他讲政策、讲柿子种植技术。原来，孙世敏毕业于云南农业大学园艺专业，就是专门从事植物栽培工作的，下派之前就是县林业局副局长。

孙世敏来到村里，就跑遍了村委会下辖的各村各寨。他看到村村寨寨种植的都是传统作物，产业结构单一，群众增收困难。而且荒山荒坡石漠化严重，可谓满目疮痍，生态恶化、极度缺水，心里那份责任和着急，紧紧地锁住了他的眉宇。

在一个阳光灿烂的早晨，孙支书一个人来到阿哲勒小组，走进村民家里了解群众的生产生活情况。他一路走、一路看，阿哲勒村组周边分布着一些古时候留下的残垣断壁，长满仙人掌的矮墙、各种石材铺就的村道、历经风霜而依然光滑的大青石……村民们在生产生活中常常能挖到一些不明朝代的古钱币，从这些旧物中，依稀能看到村子当年的繁华。

听村里的老人说，这里几百年前就是建水到昆明的一条驿道，该村刚好属于一个繁华的驿站，过往的客商大多要在此歇脚。随之带来的是赶早集的传统。村子不大，据说每天

瑞雪兆丰年

早集是人来人往，周边村寨的群众都把农产品拿来交易，极为热闹，一天一头大胖猪都不够卖。最值得一提的是，村子的周围，种植了许多柿子树，每到秋冬季节，红红的柿子便挂满枝头，过往的客商随手即可采摘、食用。柿子树似乎不归属谁家，哪个人都可以采、可以吃。

小龙潭一带，村民都有种植柿子的传统，历来把柿子当作“铁杆庄稼”，据说在饥荒年代，这里的柿子还救了许多人的命。这正好印证了苏联一位植物学家说的：“柿子是长在树上的面包。”传说朱元璋的军队在行军打仗的时候，曾断粮断水，就是柿子解救了军队，他才得以坐稳天下。红军长征到达陕北，那里的柿子、柿饼，曾一度成为战士

① 甜柿种植

② 平地甜柿基地

们的救命粮食。

后来，繁华的古驿站——阿哲勒毁于一场大火，曾经的繁华热闹，现在已不见影踪。但当地群众种植柿子的传统，就这样传了下来。龙潭营附近的村寨“阿贝楚”在当地彝族语中即是“柿花干”的意思，另一村寨“阿白咪”是“柿花地”的意思。可见，作为云南土著民族的彝族，人们对柿子的钟爱，到了何等程度。到了光绪年间，这一带的柿子种植，已经走上了规模化的路子，民间已经出现了大面积种植柿子的势头，而且依稀能见到嫁接柿子的痕迹。可惜，柿子种植很普遍，却大多只是供自己食用，几乎没有变成有价值的商品。

面对山区石漠化日趋严重的现实，如何退耕还林、恢复生态，孙世敏思考着、谋划着。通过不断的实地查看，对当地海拔、气候、土壤等做深入细致的研究，充分征求当地群众的意见，再结合自己的专业所学，他把目光盯在了柿子树上。柿子树适应性强，对土地的要求低，尤其在干旱条件下也能生长。规划做出来了，孙世敏开始带领村两委成员，挨家挨户动员群众栽种柿子，仅一年多的时间，龙潭营的柿子

1

❶柿　子

❷甜柿包装销售

❸销　售

就发展了两千多亩。

甜蜜的“柿业”需要领头羊，也需要组织形成合力。孙世敏带领村民种柿子，成立了华宁第一个柿子专业合作社，组建了华宁县阿贝楚公司，注册了“阿贝楚”柿子商标，认证了云南省第一个柿子绿色食品——“阿贝楚”柿子绿色食品。后来，龙潭营的柿子发展到三千多亩，当地百姓在柿子树上的收益逐年显现。随着龙潭营柿子产业的不断发展，阿贝楚公司正在探索柿子饼、柿子酒、柿叶茶等下游产品的开发。目前，龙潭营成了名副其实的柿子专业村。

后来，县里成立了柿子办，孙世敏也结束了三年下派支书的使命，走马上任柿子办主任。更大的平台，更大的空间，更大的责任。孙世敏的目光随之投向了全县那些荒漠化、石漠化严重的山区、半山区。

这期间，台湾一个叫郑铭烟的人，在东家大山租了一片三百多亩的地，种起了甜柿，为华宁的柿子种植带来了新的品种。甜柿挂果了，这里的人们才知道原来柿子还有甜的。于是，周边的群众都跟着种起了甜柿。

到目前，华宁的柿子已经种植了三万八千多亩，甜蜜的“柿业”红红火火。

❷

❸

被称为“万岁子”的核桃

核桃在华宁的种植历史可谓悠久。大白壳、大沙壳核桃原产地就在华宁。华宁人对核桃的喜爱之情，三言两语说不清楚。核桃的营养和保健功能，相信诸君懂得。之所以有“万岁子”之称，自然是古代皇帝的偏好了。如今，华宁群众都种植，绿了荒山、富了民，还不用“进贡”，寻常百姓自家产、自己享用，也过过皇帝的瘾……

1984年的夏天，小镇华溪燥热难当，阵阵隆隆的机械声，鼓噪着人们的耳膜。华溪河依然清凌，河岸芦苇荡漾、风姿摇曳。河水清澈见底，水草、沙石和小鱼小虾尽收眼底。四周蔬菜、瓜果、植被郁郁葱葱，满眼翠绿。一群孩童在河里尽情嬉戏。

这一年，古老的船边寺迎来了一群陌生的施工人员，他们肩挑背驮，配合隆隆的机械，准备架起一座联通建水县与华溪的通关大桥。以前，建水县与华溪的人员往来，靠的是摆渡。华溪河不发大水的时候，摆渡很安全，要是遇到上游下大雨，河水上涨，摆渡就成了问题。

船边寺，就成了过往客商的临时驿站。也就是这一年，船边寺发生了两件事，引起了华溪小镇人们的极大兴趣，一度成为他们的谈资。

一天，船边寺前修路的推土机推出了一个似铁非铁的物件，机械手不知道那是什么，就没在意。一个有经验的老农趁人不注意，把它拿回了家里。老人不知道通过什么渠道，把这个近八斤重的物件，卖到了广州，在辗转卖往香港的途中，被海关截获。后来人们才听说，那是一种叫作乌金的东西，据说比银子还贵，老人得了八万多块钱，可惜钱还没到手，他就伏法了。人们不知道什么是乌金，以为是金子。在那个炎热的夏天，小镇华溪的人们茶余饭后都在谈论船边寺挖出了宝贝。一些无所事事的年轻人，还三五成群地邀约着，天天守候在船边寺外围，梦想也能被金子砸中而一夜暴富。

这件事和我要讲的核桃产业发展没有关系。但船边寺作为当时连接建水到华宁这条赶马大道的一个重要驿站，足见当年是何等热闹。也因为如此，船边寺前发现的一块记载核桃栽种历史的残碑，才顺理成章。

没过多久，几个在华溪乡政府工作的年轻人到华溪河里

洗澡，在船边寺通向河边的沙土里发现了一块石碑，准确说是一块残碑。上面有几行字，零星记载了华宁核桃种植的历史。根据碑里的记载，华宁核桃种植的历史可以追溯到元代，碑文记载的时间是元大德六年（1302 年）。碑文上有“贡品——核桃、栗子、糍粑”等字样。可见，华宁核桃种植历史应该有七百多年，甚至更长。后来的《宁州地域志》《光绪宁州志》《黎县志》“华宁物产”中也记载了核桃这个产业。目前，《中国核桃资源》一书收录了华宁大白壳、大沙壳、小白壳核桃品种，这三个品种确认的原产地就是华宁。如此推理，华宁核桃种植历史应该在一千年以上。

华宁悠久的核桃种植历史，在华溪的小铺子这个地方得到了集中的浓缩。

华溪小铺子是东南亚连接昆明、成都的驿道，途经羊槽。小铺子已故的木匠李正昌 1971 年回忆：他小时候跟爷爷在宁州葫芦冲

核桃青果

做木活，烤火时烧核桃吃，听他爷爷说清朝初年，过往小铺子的生意人就常常购买羊槽的泡桃带走。

现在，分布在这条古驿道附近的美勒果、小土城、上寨、者羊寨，沿途的老里箐、红泥坡、普苏鲁等村子，还存活着上百年的核桃树。据云南有名的核桃专家方文亮、杨源两次到华宁考察推算，小铺子背阴地、美勒果、暮车现存活的老核桃树已有170年的历史。

普茶寨村委会小土城的270多口人，至今还生活在祖辈种植的核桃树下，享受着祖辈留下的“万岁果”的甘甜。小土城的戴金国过了60岁就很少去地里干农活了，他和城里上班的人一样“退休”了，他“退休”后的生活来源，就是爷爷当年种下的核桃树。这是一棵古老的大树，历经百年风霜雨雪，依然枝繁叶茂，昭示着旺盛的生命力。每到夏秋时节，

❶ 核桃青果
❷ 推广核桃种植

大核桃树就挂满了绿色的果子。采收季节，要三五个劳动力一整天才能采完。去年，恰逢核桃价格好，仅这棵大核桃树，就给戴金国带来八千多元的收入。戴金国有了爷爷的养老树，生活过得很是惬意，他也想为子孙留下更多的核桃树，于是他找来种苗，种植了几百棵核桃树，如今他家仅核桃种植收入就有四五万元。

华溪的麦勒果小组只有 9 户人家，家家核桃收入都是十多万元。因为村子坐落在半山腰，属于“金线吊葫芦”的特殊地形，遭遇山体滑坡的隐患比较明显，可是村里的人宁可家家跑到县城里买房子，也不愿意整村搬迁，原因就是舍不得村里那些给他们提供生活来源的核桃树。

华宁的山区群众为什么那么热爱核桃树，答案显而易见。

其实，历届政府为了发展山区农村经济，也在不断地引导和推广核桃种植。1953 年，华宁县核桃种植 1 万株。1967 年，县政府把核桃列入“经济林”（干果）种植品种。同年 8 月，县林业工作站联系、引进新疆核桃 1.2 万株，植于海关村。1972 年，统计华宁核桃产量 211.2 吨，1989 年产量 4.2 吨。

华宁核桃发展到现在近 20 万亩的规模，主要经历了两轮大的政府推动。

1991 年华宁县委、县政府提出实施绿色企业“415537”工程计划，即柑橘 4 万亩、香橼佛手 1 万亩、芒果 5000 亩、龙眼荔枝 5000 亩、茶叶 3000 亩、核桃 7 万亩。核桃 7 万亩，每亩 8–15 株，约 100 万株，并成立县级“核桃生产领导小组”。1993 年，华宁县政府进一步明确了核桃开发机构，成立了“华宁县核桃开发服务站”，设工作人员 6 名。盘溪乡、青龙乡、禄丰乡、

❶ 丰收

❷ 核桃丰收了

通红甸乡、城郊乡、新城乡、华溪乡，7个乡54个核桃种植适宜村，设脱产、半脱产核桃辅导员75人。华宁县林业局组织人到景东县调苗10万株。据1993年统计，完成种植任务171000株，约11400亩。这一轮发展建设了3个核桃示范基地，县林业局建了"羊槽核桃试验示范场"，华溪彝族乡建立了"小铺子背阴地核桃基地"，青龙乡建立了"山岐核桃基地"。当时，华溪种植了8千米长的"核桃大道"，即华溪大箐—小铺子—背阴地—羊槽。华溪彝族乡还组织人员到大理漾濞考察学习，开展技术研究，自建苗圃12亩，培育大沙壳、大白壳优质种苗9万株。

以上3个示范基地的成功，为华宁县委、县政府决策第二轮核桃产业发展提供了科学依据，华宁县也因此被云南省林业厅列入干果基地县。这一轮发展，受益的人就更多了。小铺子单家礼、周云昌、李云忠成了核桃受益农户。1997年，荷包田村李家满创建200亩的大路垭口核桃基地，现在年收入超过了20万元，单株挂果收入达2000元。

前两年，宁州街道那果村委会红泥坡小组的陈汝林为分家的

❶ 核桃树下的套种

❷ 核桃青果

事，和儿子闹了一点小矛盾。根源就出在家门前那棵四人合抱的大核桃树上。这棵大核桃树是父亲陈绍堂年轻时候种下的，现在正是盛果期，这棵树每年都能打四千多元的核桃。分家的时候，父子都争着要这棵核桃树。最后陈汝林说，家里全部家当都不要了，耕牛也不要了，只要这棵核桃树。儿子拗不过他，就把爷爷留下的这棵核桃树分给了父亲。年过半百的陈汝林老两口，就靠着这棵核桃树生活。

❶ 华宁原产小白壳
❷ 华宁原产小沙壳
❸ 专业技术人员

2006 年，华宁核桃经历了第二轮大发展。当时，华宁县委、县政府主要领导率领相关人员，多次深入广大山区农村进行调研。最后提出把核桃作为山区农村经济产业发展的议题，并明确了要大力发展“三棵树”产业（柑橘、核桃、柿子）。同时，华宁县政府还制定了《核桃产业发展实施意见》，从政策的层面，大力发动群众种植核桃、柿子和柑橘。

发挥资源优势，扩大种植规模，生态效益与经济效益并重，使核桃成为华宁县过亿元的山区特色富民产业。目前，华宁核桃已经走出了深山，有了自己的身份和品

华溪船边寺

牌，小铺子核桃、阿黑果、山字经 3 个核桃品牌已经走进了超市，到了寻常百姓家。华宁大白壳、大沙壳、小白壳核桃早已列入《中国核桃资源》一书。

在华宁绝大多数山区，百姓家家种植核桃、发展绿色银行。可以说，核桃种植周期长，要有耐力、有韧性，只要你不求回报地精心呵护，不久的将来，待它长大了就将为你奉献全部的生命和力量。这也如同华宁山区人民的秉性——朴实、厚重、乐于奉献。现在，华宁的核桃种植面积超过了 20 万亩。2017 年，将发展到 30 万亩，产值将突破 3 亿元。

金黄色的丰收童话

柑橘，华宁的一张生态名片。如今，在昆明、北京等城市，大多商家都把柑橘贴上“华宁”的标签在售卖，据说这样他们的柑橘就好卖多了。华宁的柑橘在七八月份就悄然上市，酸甜适度，口感极佳。春来桔花吐清香，夏秋金果满枝头。华宁人用了30年的时间，就让数万亩丘陵山地披上了绿装，让老百姓吃上了金黄色的平安果，过上了富足的生活。

相对于核桃、柿子悠久的种植历史来说，华宁柑橘产业的发展应该说是没有历史的，或者说发展历史很短。这完全是华宁政府和老百姓为了发展农村经济而进行的一种探索，这种探索现在已经开花结果，并获得巨大成功。这是华宁人民谋求自身发展的一大创举，是祖祖辈辈生活在低热河谷地区的老百姓创造的又一个丰收的童话，

1956年合作化时期，华宁开始把柑橘作为热区农村合作经济的任务发动种植。1966年，农村经济在三年调整、巩固、充实、提高的方针指引下，各级政府又一次计划发展柑橘，当时种植90余亩。1975年，县政府从外地调苗5000株，1977年再次调苗113486株，1979年全县柑橘发展到14万株500余亩，产量发展到150吨。几次发展均未达到预期目标。

1979年冬，盘溪牛山柑橘示范园开始筹建，标志着华宁

柑橘发展走上了科学化、规范化快速推进的轨道。这其中，很多柑橘种植方面的领导、专业技术人员在这里迅速成长。可以毫不夸张地说，牛山柑橘试验场是华宁柑橘产业发展的摇篮和孵化器。

一个产业的发展，离不开政府的推动，更离不开专业技术人才。华宁柑橘产业的发展，就是依靠牛山柑橘试验场这个示范基地，靠着一大批致力于柑橘栽培技术研究和推广的人才，才得以从无到有、从小到大，发展成华宁农业的支柱产业之一。这其中，我不提郭瑞祥先生，不提杨希孔、梅士华、翦中华、何朝凤、李学明、李云富等这些老前辈为华宁柑橘产业发展做出的重要贡献。我在这里讲述一个把自己的大半生都奉献给华宁柑橘的人，这个人叫易金海。

1982 年 8 月，一批由 7 个人组成的技术队伍来到了牛山柑橘试验场。他们操着电影里毛主席的口音，当地人音听起来既熟悉又陌生。他们来自湖南浏阳县，家住浏阳河九道湾的柏加乡，易金海就是其中的一员。那里自古种植柑橘，他们都是生产队里的柑橘种植能手。华宁县为了发展柑橘产业，把他们聘请过来做技术知道。他们中年龄最大的 50 多岁，最小的是一位 18 岁的小姑娘。他们的主要任务是帮助试验场嫁接柑橘树苗，进

行柑橘栽培全套技术指导和培训。工作重点就是培植苗木，管理示范苗，同时做品种苗木的引进推广实验。

这一年，易金海刚刚 20 岁。刚刚来的时候，他对盘溪的气候还有点不适应，会常常想家。当时的盘溪，老百姓除了栽种冬早蔬菜，大面积的土地都是用来种甘蔗。成片成片的甘蔗地，让人联想到茫茫无际的青纱帐。易金海印象最深的是，这里的人们送亲戚朋友送的都是甘蔗，他们对柑橘的认识还不像现在这么深入透彻。

发展果树，苗木、品种的第一位的，靠往外地调苗是不稳妥的。这是易金海的原话。他负责的就是苗木培植和矮密早熟柑橘实验园，工作目标很明确，就是搞苗。当时的盘溪气候还不像现在这么热，根据气候特点，他们什么方法都用上了。第一年，他们就培植出了十多万株优质柑橘苗。一个

技术员，每天要嫁接一千多棵柑橘苗，而且能保证成活率在99%以上，而相比之下，当地的技术人员一天只能嫁接柑橘苗一两百株，并且成活率也不高。

当时，禄丰乡有一个县供销社的柑橘基地，柑橘已经挂果了，只是产量不高。听说苗木是外地引进的，从1977年就开始发展这个基地，五年才挂果。这引起了易金海的思考。在他老家湖南浏阳，一般农户种植的柑橘三年就挂果，为什么这里的柑橘挂果周期延长了呢？通过深入细致的实验研究，他得出结论：还是苗木和品种的问题。这也坚定了他进行苗木培植的决心和信心。

在牛山，易金海他们的另一个任务是培养和培训柑橘种植技术人才。1984 年，他们已经培植出了一百多万株优质柑橘苗，第一批近四十人的技术队伍培训已经结束，他们基本掌握了柑橘栽培的全套技术。

这个时候，这批湖南籍的技术队伍聘期已到，他们面临着一个选择：是继续留下服务华宁，还是返回自己的家乡。其实，这批华宁引进的技术人才，有的人只待了半年或者一年，都因为不习惯这里的生活而陆续离开了，最后只剩下易金海一个人。他也面临着这样的选择：走，还是留下？

这时候，当时主抓柑橘的郭瑞祥找到了易金海。第一句话就是：你能不能留下来不走了？

郭瑞祥欣赏易金海的踏实肯干，出于柑橘产业发展的需要，他们决定留住易金海。

老家的女朋友还等着他回家，父母也盼着儿子回家。怎么办？易金海犹豫着……这期间，郭瑞祥主任（县财办主任）为了发展华宁柑橘东奔西忙的身影，一直深深地印在易金海的脑海里。对发展农村经济、对发展壮大一个绿色朝阳产业的执着精神，让易金海敬佩。

郭瑞祥理解易金海的矛盾和犹豫，也了解他的难处。他向县里领导积极争取，不论什么条件都要把易金海留住，华宁的柑橘产业发展太需要人才了。后来，牛山柑橘试验场党支部书记杨西孔代表华宁县政府，前往易金海的老家去做他父母的工作，说服他的女朋友——浏阳市柏加乡花鼓戏剧团的青年演员肖顺恒，她是当地家喻户晓的名角。

通过双边多方接触和协调，做通了易金海父母和女友的工作。1984 年，易金海在老家简单地办了婚事，夫妻两人就匆匆返回了华宁，妻子和他一道，被安排到柑橘育苗区，负责苗木的培育、嫁接和推广工作。1986 年，华宁公安局派潘平和另外一人前往他老家浏阳市，把夫妻两人的户口迁到了华宁。至此，易金海夫妇真正成了华宁人，成了华宁牛山柑

橘试验场的正式职工。

工作安定以后，易金海夫妇主要负责品种研究室和苗木队。这期间，易金海把全部心思和精力都用在了柑橘的品种引进、实验和推广上，他们从苗木着手，经常深入农户的田间地头进行技术指导：平整土地、理墒、挖塘、栽种、施肥、防治病虫害……易金海利用在老家种植柑橘积累的技术经验，潜心研究特早熟、早熟、晚熟等各个柑橘品种在华宁的适应性，不断探索和总结了一整套柑橘种植技术。

这期间，牛山柑橘场的领导和职工对他们非常照顾，在分房、工资待遇、子女就学等生活方面，给予了充分照顾。他们在牛山先后搬了三次家，单位每次建房修房，第一个就分配给他们夫妻住。这些关怀，换来的是易金海一家更加努力的工作。

1989 年底，为进一步扩大柑橘种植实验示范区，郭瑞祥就派易金海、梅士华等五人筹建新村柑橘场。这个时候，盘溪、华溪和禄丰等适宜种植柑橘的乡镇，已经开始大面积推广种植，发展了一万多亩早熟、特早熟柑橘。

柑橘采摘

❶ 摘柑橘

❷ 吃柑橘比赛

1991 年，新村柑橘场通过精心设计和规划，新植柑橘 1000 亩。标准化的种植，科学化的管理，无菌化处理的苗木……短短两年多时间，新村柑橘场取得了骄人的业绩。

时间一天一天过去，伴随着华宁柑橘产业的不断发展壮大，易金海也不断成长起来。华宁柑橘从禄丰乡起步，在盘溪开花，最后到华溪镇结果，可以说，他见证了华宁柑橘产业的发展、见证了华宁柑橘产业发展所经历的风风雨雨。

后来的日子，易金海一家就在新村柑橘场扎下了根，直到 2002 年新村柑橘场改制，他就负责改制的一切事宜。2003 年 3 月，新村柑橘场改制完成，易金海调任县农业局副局长，分管柑橘产业。妻子肖顺恒在改制中下岗。当初毅然跟着他远走他乡，19 年后却下岗了，肖农艺师心里不免埋怨丈夫，也对政府的决策想不通。后来在丈夫的劝说下，她开始慢慢接受了现实。

2005 年开始，烟王褚时健在新平县水塘乡创办橘园，作为柑橘专家，易金海应邀前往褚园做技术辅导，一去就是两年。这期间，做规划、调苗、种植、施肥、防病……培训了十多个一线生产技术人员，建设化验室并培训了两名化验员。现在，褚橙家喻户晓，其中也有易金海的汗水和功劳。

两年后，易金海回到县农业局上班，每年还要去烟王的橘园看看，做一定的技术指导。

2006 年 1 月，华宁成立柑橘产业办，易金海任主任。

舞台更大了，易金海肩上的担子也重了。现在，华宁县南盘江

和曲江低热河谷沿岸的盘溪镇、华溪镇、青龙镇和通红甸乡的适宜区都种植了柑橘，以早熟无核蜜柑、优质冰糖橙、椪柑为主栽品种的柑橘累计种植面积近 8 万亩，产量突破 15 万吨，产值突破 6 个亿。千亩柑橘标准化示范园 2 个，百亩以上实施标准化生产的基地 35 个。全县柑橘种植涉及 36 个村委会 166 个自然村 10000 多户农户。现在产业做大了，华宁县还了成立工商联柑橘协会，按"公司 + 协会 + 农户"的模式运作，大力培植龙头企业和中介服务组织，带动相关产业发展。相继培植了牛山柑橘场、新村柑橘场、华冠、金土地等 17 个集种植、销售于一体的生产型龙头企业。

现在，金黄色的柑橘谱写了一曲曲动人的丰收童话，成了华宁热区农民增收致富的支柱产业，成为最具发展优势的优质农产品和农民增收致富的"摇钱树"。

37 胞胎卖出 400 元

后记

编撰《文化玉溪》系列丛书，是市委、市政府文化旅游兴市的重要举措；编撰好《文化玉溪·华宁》卷，既是认真落实市委、市政府要求的实际行动，也是多年来广大文艺工作者心头的一个愿望，是华宁文艺界的一件大事。经过一年半时间的努力，《文化玉溪·华宁》卷现在终于付梓，得偿所愿，倍感欣慰，如释重负。

这是一件艰巨的任务，2014 年春，当正式接到了《文化玉溪·华宁》卷的编撰任务后，编委会几个成员诚惶诚恐，觉得责任重大、任务艰巨，难以胜任。

首先，我们觉得文化是个深重而尊贵的符号，因此不敢轻易碰触。对于文化，每个人均有不同的理解。我们觉得，文化是一以贯之的价值体系，是公民社会的道德基座，是历史长河的精神灯塔，是久远而不朽的信仰，要在短短时间内找到这样一种能代代坚守的思想传承，找到我们世代相传的根和魂，谈何容易。其次，难以出新。从内来说，前有《中国泉乡》《泉乡神韵》《泉乡橘缘》等现成的书籍，华宁所有值得书写的东西都已成册，如何创新，才能不去吃别人嚼剩的馍？再者，各县区都在编同样一本文化书，如何在保证统一风格的前提下，既不与其他县区重复，又有自己的特点和亮点？这是摆在每个人面前的难题。

基于这样的认知，我等才疏学浅，岂敢妄谈“文化华宁”。在征得主管领导的同意后，《文化玉溪·华宁》卷编撰工作紧锣密鼓地展开。策划方案几易其稿，有时甚至推倒再来，人员经过多次调整，反反复复，断断续续，写一稿又一稿，历时一年有余，有时真想放弃，不经过此项工作的人，体会不到其中的艰辛。幸好，有县委、政府领导的理解，有李军部长的坚决支持，才使编委会每个成员最终坚持下来，善始善终做好此项工作。

经过近一年的辛苦劳作，李俊华同志完成了第一章“六百六十个潭泉”，崔庆庶同志完成了第二章“俊采星驰的仁人志士”，尤发良同志完成了第三章“镶嵌在宁州大地上的历史珍珠”，朱丹同志完成了第四章“流光溢彩的千年古陶”，李世宗同志成了第五章“舌尖上的珍馐佳肴”，施锦泉同志完成了第六章“‘三棵树’谱写的丰收童话”。吴才龙同志则负责全书的统稿工作；施锦泉同志还在紧张的工作中完成了图片征集编选。

或许源于大家对泉乡这片土地真挚的感情，在撰写过程中，都想尽可能多地介绍自己心中的华宁，导致撰稿字数远远超出出版社的要求。不得已，只能忍痛割爱，导致很多作者百忙一场，尽管付出了很多汗水和努力，书中却未能留下只言片语；有的作者尽管作品入选，也做了较大删减。尽管如此，回头看看，仍感不是太满意，尚有很多遗珠之憾。

从组织筹划、统筹协调、资料收集到具体编写，编委会成员克服了许多困难，付出了辛勤的汗水，体现出可贵的敬业精神与文化情怀，为编撰本书做了大量艰苦细致的工作，经多次审稿，增删取舍，反复修改，日臻至善，使框架结构较为严谨，写作基调颇为统一，文字图片翔实丰富，充分体现了史料性、知识性、艺术性和趣味性。

感谢那么多作者无私奉献、顾全大局，更感谢《云南日报》记者朱丹老师，她以一名新闻记者独到的眼光和对华宁陶的挚爱，其大手笔和精到的文采为本书增色不少，还有前辈马朝中老师，在年岁已高并且爱人生病住院期间，仍积极为此书出谋划策，在此表示深深的感谢！

传承泉乡文化，是我们编者的使命；弘扬古宁州人民风淳朴、道德高尚、积极进取的精神，是当今华宁人的责任。当今社会需要这样一本书，渴望了解和乐于推介华宁的人们更需要这样一本书。相信更多的人通过《文化玉溪·华宁》卷这一窗口和平台，在传承传统优秀文化的过程中，都会成为精神财富的守望者和拥有者。

诚然，由于本书编辑工作量大，我等才疏学浅，编撰过程中难免有所疏漏，也难免有一些不尽如人意的地方，敬请广大读者谅解并批评指正为谢！

《文化玉溪·华宁》编委会

2015年春